Anna W Gustafsson

Det är en gåva att få sova som ett barn

Omslag: Mikael Wallberg

Förlag: BoD – Books on Demand, Stockholm, Sverige
Tryck: BoD – Books on Demand, Norderstedt, Tyskland

ISBN: 978-91-7851-974-3

Till Agnes, Stella och Leon. Till Micke.

Somna lycklig
Somna lycklig
Det är en gåva att få sova som ett barn
Du ska somna lycklig
                    Stefan Sundström

FÖRORD

Lund, april 2023

Vi åkte in i augusti. Oron hade vuxit under sommaren. Blåmärkena, blåsorna i munnen, trötheten. Hur fröken gick och bar på honom under dagisinskolningen. Han som brukade klättra så. Sen kom febern.

Den här boken handlar om vad som händer när det som inte får hända händer. Nästan allt i boken handlar om Leon, eftersom den blogg boken bygger på skrevs för att hålla familj och vänner uppdaterade om hur det gick för honom. Bara enstaka andra texter har kommit med: någon odaterad dagboksanteckning, ett par minnen som lever kvar. Några inlägg är skrivna av Mikael, Leons pappa. Vi bestämde redan första veckan att vi skulle ta varannan natt där på sjukhuset. Det var ett viktigt beslut. Alla tre barnen behövde oss båda två. Vi behövde dela liv.

Livet var mer än det som syns här. Tiden hemma med systrarna, deras liv, all oro för hur de mådde. När jag skrev bloggen ville jag inte skriva för mycket om storasyster, Agnes, som var stor nog att läsa i den själv. Hon finns därför minst med i boken.

Det är massiv läsning, ett dokument över dagar, veckor, månader och år av behandling, sjukhusliv och vardag. Men det måste få vara massivt. För det var det.

Vi kände oss alltid otillräckliga, vi räckte aldrig till för det vi kände att barnen behövde. Vi försökte hitta vardag fast vi levde i undantagstillstånd. Det var svårt. Vi hittade en bubbla av närvaro tillsammans, närvaro och glädje impregnerad med oro och otillräcklighet. De enda vi inte hade tid för var varandra. Men vi visste vad som var viktigast. Det band oss samman.

NÄR DET BÖRJADE

Så kom dagen då Micke åkte in med Leon till barnakuten och jag till jobbet. Tankarna där, hela tiden. Kanske lunginflammation? Vid lunchtid ringde Micke och sa att han skulle åka hem så Leon fick sova middag, det var något med blodplättarna och blodvärdet, jag skulle byta av och vara där vid två igen för mera provtagning. Eller för något slags besked. Redan då stannade tankarna, började gå långsamt och skena i väg samtidigt. Något med blodplättarna. Jag berättade för min kollega och hon sa tröstande att det kan vara någon obalans som går att rätta till. Jag ville tro henne. Jag visste inte då att hon blivit orolig när hon hörde det, att hon sett det på nära håll förut.

Jag väckte Leon och åkte upp. Väntade på det egna rum han fått på barnakuten. Vankade i korridorerna. Tiden gick. Jag frågade och frågade när läkaren skulle komma, fick undvikande svar. Kände ilskan – och oron – krypa i kroppen. Vågade inte tänka. Framåt fyratiden knackade det på dörren. En karavan av läkare klev in. Världen stannade. Allt som fanns var läkarens ord och Leon i min famn. Avdelningen för onkologi och blodsjukdomar. Provsvaren, misstankarna om allvarlig blodsjukdom. Försökte hitta någonstans att fokusera tanken, blicken, var så knivskarpt medveten om Leons feberheta kropp. Jag minns inte, jag tror han hade somnat. "Exakt vad misstänker ni?" sa jag. Och han sa leukemi. Jag visste redan då att det var sant. Det stämde. Läkaren ville träffa oss båda uppe på avdelningen, dit vi strax skulle bege oss. Och så fort läkaren lämnat rummet ringde jag hem och grät.

***

Mikael: *Anna ringde hem. Jag var med flickorna och Anna sa att läkarna hade sagt till henne att inte oroa mig. Jag började gråta och när jag hade lagt på luren ringde det på dörren. Där stod en vän och jag sa: Leon har cancer.*

***

Micke kom upp, med flickorna. På avdelningen hade vi ett långt samtal med läkaren. Operation nästa dag för att få en port-a-cath inopererad, en dosa under huden på bröstet som leder cellgifterna med en kateter under huden till ett stort blodkärl. Och benmärgsprov.

Det finns så mycket att säga om de där dagarna, och så mycket som vi trängt undan för att det är för smärtsamt. Den första operationen tog tre timmar. Sen ville de börja med cellgifter direkt, men det gick inte, för port-a-cathen fungerade inte. Ny operation, mera väntan, mera oro. Rädslorna hade beslagtagit oss helt. Resorna med flickorna i bilen till och från sjukhuset, tårarna som kom när vi svängde ut från parkeringen. "Mamma är ledsen", sa Agnes från baksätet. "Gråt inte mamma." Men grät gjorde vi, hela tiden. Och så Leon, som var så sjuk. Allt så bräckligt. Luften så tunn att andas. Stella som ville trösta Leon. Leon som vände sig bort och höll för ögonen. Leon som inte ville bli vidrörd, som slöt sig inom sig själv. Alla möten med främmande människor, alla undersökningar, nya varje dag, av hjärtat och skelettet. Operationerna. Till slut grät han så fort någon i sjukhuskläder kom in. Tilliten bruten.

På sjukhuset var vi så nära. Hemma kom tröttheten och oron och tog tag i allt. Och så flickorna, som måste få vardag, få närhet och tröst. Vi skapade en kokong av närhet. Och i bilen, på väg från sjukhuset, spelade vi Stefan Sundströms *Hjärtats musik*. Och Agnes ville hela tiden höra "Somna lycklig, somna lycklig, det är en gåva att få sova som ett barn". Men sov gjorde ingen av oss.

Leon hade ont. Det var det svåraste, att se hans smärta. Det var cellgifterna, Vincristinet han fick en gång i veckan. När vi förstod att det var smärta han kände och när den blev värre, det var hemska dagar. Han skärmade av sig från oss, orkade inte.

Han hade just fått en sond, eftersom han gått ner för mycket i vikt. Det tog ett tag att få i gång maten, så att hans mage klarade av den hastighet på tillförseln av mat han behövde för att gå upp i vikt. När han satt i vagnen, uppstöttad med kuddar, stelnade han av smärta redan efter korta stunder och ville ligga igen.

Det var svårt. Smärtteamet kom, han fick högre och bättre fungerande morfindoser. Och det vände. Sjukgymnasten kom, med ballonger och såpbubblor, för att få i gång Leon. Han började le igen.

Det var så mycket som hände där i början, en tunnel vi tog oss igenom utan att veta hur. Vi hade möten med läkare, Leon tog blodprover hela tiden, benmärgsprover, sövdes. Vi vågade inte tänka på att flytta hem, men började åka på permission allt längre stunder. Och för Leon blev det alltmer fattbart, på något ofattbart sätt.

OCH SEN

Måndagen den 18 oktober 2004

Leon har fått sin sista spruta, Asparaginas, i den första fasen av behandlingen, induktionsfasen. Målet var att helt pressa ner cancern, men de 0,04 celler som finns kvar är ett godkänt resultat. Även om resultatet på benmärgsprovet varit 0 vet man att det finns celler kvar, bara att de inte syns.

Efter sprutan han fick i dag måste han vara kvar i tre timmar på dagvården för att utesluta en allergisk reaktion. Man får inte något eget rum där så det blir ett enda långt vankande i korridoren och till lekrummet på avdelningen. Leon har varit glad, men trött och ätit dåligt. Efter att vi trappade ut kortisonet har han gradvis tappat sin aptit. Förhoppningsvis hittar han en normal aptit igen, i annat fall har vi sonden.

På onsdag läggs Leon in igen för den första högdosbehandlingen med Metotrexat i nästa fas, som kallas "consolidation phase".

Tisdagen den 19 oktober 2004

I dag trodde vi att vi skulle packa för en tids sjukhusvistelse, men de ringde och sa att Leon ska komma först på fredag. Han ska först sövas och ta benmärgsprov och få en injektion Metotrexat direkt i spinalvätskan. Men kombinationen av stort tryck på operation och många sjuka barn på avdelningen gjorde att de valde att skjuta på det. Egentligen blir det då exakt som det står i protokollet, med fyra dagar mellan sista sprutan i första fasen och startdag för nästa fas. Från och med nu kommer de att vänta med start av ny behandling tills hans värden är bra, eller skjuta upp starten om han har feber.

Det är konstigt att förstå att när de har så dåliga barn så känns det för dem som om Leon är frisk, som vår kontaktsköterska Sofia sa till oss. Och vi har lärt känna en del barn som behandlingen inte fungerar på. Det är tungt.

Mediciner. I den första fasen hade Leon fem olika: Prednisolon (kortison som i höga doser fungerar som cellgift), Vincristin (som han fick svåra smärtor av), Doxorubicin, Asparaginas och Metotrexat. Dessutom har han fått morfin i ganska höga doser mot smärtorna, och Alvedon. Av dessa är det nu bara morfinet kvar, men det har vi snart trappat ut. I nästa fas används fyra cellgifter.

Onsdagen den 20 oktober 2004

En vanlig dag, och en vanlig dag händer det helt vanliga saker, så när jag lagade mat och böjde mig ned för att ta ut lasagnen och Stella låg raklång på golvet i ett ilskeutbrott så testade Leon att klättra upp och ställa sig på sin tripp-trapp-stol för att det är så roligt när vi ropar nej. När jag reste mig upp med lasagneformen i handen såg jag hur han stod där och vinglade till och föll och slog huvudet hårt i golvet. Det verkade gå bra, men sen mådde han lite illa och när han började kräkas var det bara att packa sig i väg till barnakuten. Där blev det något slags gräddfil för Leon, eget rum direkt och ditkallad läkare. Men allt såg bra ut och han fick komma hem igen ganska snabbt. Måtte det fortsätta vara bra. Nu sover båda och Stella har lite krupphosta och det är ju också en så vanlig sak att det känns konstigt att ens söka läkare för det. Än så länge går det över när man tar upp henne en stund.

Torsdagen den 21 oktober 2004

I går kom en granne vi knappt känner och ringde på med en form lasagne.

Leon sov gott hela natten. Det verkar som om han mår lite mer illa nu än förut, eller om det handlar om att vi trappar ut morfinet och han börjar få mer obehag och ont igen. Han är fortfarande ointresserad både av mat och dryck. I morgon bitti blir det sjukhuset igen och väskorna är packade.

Fredagen den 22 oktober 2004

På sjukhuset sover Leon redan.

Dagen började med att sätta nål i port-a-cathen. Eftersom han har Emlaplåster gör det inte ont, men det är alltid obehagligt att bli fasthållen i behandlingsrummet. Han grät och ville till stickelådan hela tiden – ett skåp med lådor där man får hämta en liten leksak efteråt. Men han kämpar inte emot, har börjat vänja sig och sitter tyst och bara tittar när de tar blodprover via port-a-cathen. Sen åkte vi upp på operation där han blev sövd. Läkaren konstaterade att han är svårsövd – han behöver nästan det dubbla mot normalt för att somna, men det kan bero på att han fått morfin under lång tid.

Sövningarna blir numera långdragna historier. Tidigare vaknade han alltid när han kördes in på uppvaket och grät alldeles hysteriskt när han omtöcknad måste ligga kvar i en timme. Inga nya doser sömnmedel hjälpte. Nu fortsätts sövningen inne på uppvaket och trappas långsamt ut efter den obligatoriska timmen, vilket gör att det blir ungefär tre timmars sövning. Men han är lugn när han vaknar, och det betyder allt.

Till slut var han vaken – om än lite grinig – och fick först dropp i fyra timmar för att "vätskas upp" innan cellgiftskuren kunde starta. Precis innan Metotrexat-droppet sattes upptäckte vi att han hade 39 graders feber. Läkaren beslutade att behandlingen ändå skulle köras i gång. Vi vet inte vad det handlar om, virus eller bara utmattning efter en tuff dag och alldeles för lite sondnäring. Vi får hålla tummarna för att han sover bort sin feber.

Behandlingen: Under 24 timmar får han höga doser, dödliga, av Metotrexat, och från timme 42 ger man motgift var sjätte timme tills koncentrationen av Metotrexat i urinen är under en viss nivå, då man kan åka hem igen. Det brukar ta ungefär fem dagar. Samtidigt får han ett annat cellgift i tablettform som vi löser upp i vatten och ger i sonden varje kväll under hela tioveckorsperioden.

Mellan högdosbehandlingarna, som är tre under den här perioden, bor vi hemma och åker upp till dagvården för injektioner med cellgiftet Cytosar fyra gånger i veckan. Och vid tre tillfällen, det första i dag, får han också Metotrexat direkt i spinalvätskan för att förhindra att överlevande cancerceller tar sig upp i hjärnan, där inga cellgifter når dem. Leon har inte haft några cancerceller i spinalvätskan, men behandlingen ges för säkerhets skull. Och hela vitsen med den här konsolideringsfasen är förstås att befästa remissionen och ta livet av eventuella resterande cancerceller.

Lördagen den 24 oktober 2004

Leon somnade i sin säng när sjuksköterskan Sofia och jag satt och pratade. Han gör gärna det, somnar till prat. Hans feber gick ner i dag, men illamåendet består. Han vaknade i går kväll och kräktes och har sen hulkat hela dagen i dag för att kräkas igen vid maten i kväll. Nu har han fått medicin mot illamående och vi hoppas han sover gott och får behålla den kvällsmedicin han ska få via sonden om en timme.

Annars en ganska bra dag, medicinen har tickat på, prover har tagits, det går som det ska. Nu återstår motgift och prover var sjätte timme.

Helgerna är lugna på avdelningen, de flesta har helgpermission och stämningen blir öppen och trevlig bland dem som är kvar. Stella har varit här hela dagen och cyklat i korridorerna, lekt på lekterapin och sovit en stund i bäddsoffan. Och Agnes har varit på hamsterutställning med en kompis hela dagen, gått tipsrundor, varit med i omröstningar och själv räknat röster.

Söndagen den 25 oktober 2004

Hemma. Det gick alldeles ovanligt fort för Leon att bryta ner de där dödliga doserna Metotrexat. Tydligen var "toppkoncentrationen" i blodet på timme 23 helt normal, men koncentrationen timme 36 alldeles ovanligt låg och redan timme 42, när han fick det första motgiftet, var han redo att åka hem. Det kan tydligen vara så ibland, men det är ovanligt, och skulle det vara likadant vid nästa högdosbehandling måste dosen höjas för att de ska vara säkra på att medicinen fungerar ordentligt.

Annars var det en natt med lite sömn. Leon vaknade vid tio på kvällen av hosta och var glad och gosig fram till halv två på natten, och sen kom nattsköterskan in ett antal gånger under natten och tog prover, gav medicin och bytte blöja. Leons illamående verkade ganska okej i dag även om han fortfarande inte smakar dryck eller mat. Men sonden fungerade dåligt, så i dag fick han åka på röntgen för att kolla. De hade satt in den fel. Fixat nu.

Leon ska den här veckan bara ta en cellgiftstablett per kväll hemma. Om inte benmärgsprovet visar något annat, för då flyttas han till ett intensivprotokoll.

Tisdagen den 26 oktober 2004

Vi skulle få några lugna dagar hemma tänkte vi. Men Leon har inte mått så bra som vi hoppats utan har fortsatt att kräkas och är mycket förkyld. Och så har han allt oftare klagat på ont, ospecifikt, möjligen huvudet och magen. Han tar sig på huvudet och sträcker fram handen så jag kan blåsa på fingrarna. I dag skulle vara den första dagen utan morfin, men efter en förmiddag då han bara ville vara i famnen, var gnällig och klagade på ont, så fick han en extra dos till slut (att själva ta det beslutet, trots att vi fått det ansvaret, var så svårt). Sen somnade han och när han vaknade vid två var han en annan kille och ville leka på golvet med alla saker. Efter ett antal telefonsamtal med avdelningen och smärtteamet på sjukhuset så är det nu bestämt att vi ska gå tillbaka till morfin igen och att han ska komma dit i morgon så att de får titta på honom.

Möjligen propsar vi på ett blodprov. Egentligen brukar inte blodvärdena åka i botten förrän en vecka efter behandling, och han hade fina värden i lördags, men han är blek och huvudvärken kan ju bero på att hans Hb ligger lågt. Kräks gör han mest på kvällarna, framför allt är det svårt att ligga ner, vilket tyder på att allt slem av förkylningen i kombination med att han har en sondslang i halsen irriterar.

Det är väl så här det kommer att vara nu, vi får en lugn period och tycker att vi hittar en balans, och så plötsligt har han ont och mår dåligt och så kommer all oro igen. Att se Leon ha ont är nästan det värsta av allt. Illamående och kräkningar har vi varit ganska förskonade från – andra barn kan ha det mycket värre.

Vi har haft ett par dagar av städning här, med assistans. Det är skönt att få ordning igen, det orkar vi aldrig själva nu. Vi är båda sjukskrivna hela november också, och det behövs, det känns inte som vi kan överskåda än hur vi kommer att må ens nästa dag.

Onsdagen den 27 oktober 2004

Ännu en förmiddag på sjukhuset. Först tandhygienisten, dit Leon får gå en gång i månaden, mest för att bli van vid det eftersom han troligen kommer att behöva en del tandvård framöver. Leon var inte glad. Tandhygienisten försöker tappert att etablera något slags relation till honom, något han lika tappert vägrar.

Vi hann med en timme på lekterapin innan vi träffade läkaren på avdelningen för recept på morfin, undersökning och blodprov. Sen mötte vi andra läkare och hann prata med dem också. Det är nio läkare som jobbar där, och alla känner till Leons fall. Man har ingen särskild utan de ambulerar på avdelningen och dagvården och sysslar i olika grad med egen forskning. Den läkare som först tog emot oss när Leon blev sjuk, som gav oss beskedet och som pratade länge med oss varje dag första veckan, har vi faktiskt inte träffat igen förrän nu.

Summan av dagen är att Leon har något virus, känner biverkningar och har 80 i Hb (inte konstigt att han har huvudvärk). Det är precis den gräns de satt för att han ska få nytt blod, så vi ska in på fredag igen för nya tester och kanske blodtransfusion. Han får inte ha för lågt blodvärde inför det nya cellgiftet på måndag.

Nu sover småttingarna. Leon vill somna i famnen nu, det är obehagligt att ligga ner. Stella blir konfunderad när jag sitter där med Leon och hon ligger i sin säng, men hon finner sig.

Fredagen den 29 oktober 2004

Fredag kväll och ännu en vecka har gått. I går kändes det som det vände för Leon och han började må bättre. I dag var vi på sjukhuset för provtagning och eventuellt blod, men hans Hb hade stigit till 82 så han slapp blod i dag. Vi ska dit på tisdag för första sprutan Cytosar i en serie av åtta. I kväll har Leon varit pigg och lekt och krupit runt på golvet under våra ben (lite knixigt med sondslangen). Äta och dricka är fortfarande helt ointressant. När han var på sjukhuset i dag fick de peta ner sondslangen en bit till, för trots allt bök med den i helgen så satt den inte som den skulle. Blodprov är ingen match längre – men att peta ner sondslangen är ett övergrepp. Tur att det finns en pingvinmaskin i behandlingsrummet.

I kväll har Petter, min bror, kommit ner från Stockholm med kusinerna och det har varit vild lek här. Agnes följer med dem tillbaka över höstlovet. Mer hjälp i helgen alltså, det är så fantastiskt skönt med allt stöd vi har. En granne kom med en bukett blommor i går, som lyser upp i köket.

Söndagen den 31 oktober 2004

Helgen är över. I morgon börjar en vecka med sjukhusbesök varje dag. Vi har haft en helg med fullt hus och Stella och Leon har haft fullt sjå med att hänga med i kusinlekarna. Leon har mått ganska bra, varit blek men glad. Inte mått illa och kräkts förrän i kväll. Men båda de små är trötta nu efter en period av tidiga mornar. I morse var det inte nådigt: vintertiden gjorde att jag satt här i soffan med dem klockan 04:30, grymtande om att "det är natt nu" och åtminstone i en kvart lyckades jag faktiskt få dem att se på *Byggare Bob* så att jag kunde ligga och vila själv.

Leon har ju en sond. En pump och näring finns i en ryggsäck som vi bär runt på. Själv har han vant sig vid slangen och pratar ofta om den. Han verkar föredra att få mat så framför att äta. När han får sina mediciner genom slangen sitter han själv och petar med en spruta och "hjälper till". Det är skönt att slippa ge honom medicinen genom munnen, för det var en kamp varje gång när vi gjorde det, men nu börjar vi bli oroliga för hur länge han ska behöva den där sonden. Hoppas att nästa period med kortison gör att vi att kan överge den ett tag.

***

Minne: Micke bär runt på ryggsäcken med sondmat och följer Leon hemma i vardagsrummet. Han har satt på musik: "Staying alive" flödar genom rummet. Solen skiner in. Vi dansar. Alla skrattar.

***

Tisdagen den 2 november 2004

Kort besök på sjukhuset. Vi fick väcka Leon från eftermiddagsvilan, så han var lite sur när vi kom dit och protesterade en del när han fick ny nål i port-a-cathen. Han ropade efter "mössor", de vita bomullstussar med resår som sätts runt de delar av slangen som står ut och kan skava på magen. Han är ganska fäst vid mössorna och har ibland upprört krävt mössor till magen fast han inte har någon slang att fästa dem vid. Medan vi väntade på att cellgiftet skulle komma från cytostatika-beredningen satt vi i köket på avdelningen och fick en privatföreställning av två damer från lekterapin som kom med en liten husvagn fylld med gosedjur. Gitarr och sång. Stora ögon och blyg pojke. Han var rätt intresserad av själva husvagnen, som hade blinkers, men blev livrädd när ett lamm kunde bräka när man klämde det på magen. Grodan fick åka kana på husvagnens tak många gånger innan han lugnade sig och började ha roligt åt den: "försiktigt", ropade han till grodan.

Sprutan med Cytosar kan ge honom feber, men i dag märktes ingenting.

Nu åker vi in varje dag till och med fredag för en likadan spruta. Samma schema nästa vecka. Efter sjukhusbesöket i dag åkte vi till Stella på dagis och Leon och Stella var inomhus en stund med en av fröknarna medan de andra barnen lekte ute. För varje gång han hälsar på nu blir han alltmer frimodig och får lite kontakt med fröknarna igen, det är så skönt att se. Och han njuter av att känna igen leksakerna och prova dem en efter en. Stella njuter av att ha Leon med sig där. Ingen av dem ville åka hem.

Och i går var Stella på sjukhuset för sitt 18-månadersvaccin. Eftersom hon är äggallergisk måste hon få sprutan på allergimottagningen. Det var en pärs och hon var så förtvivlad att personalen fixade ett gosedjur till henne också. Inte mer än rätt, Leon kommer ju hem varje dag från sjukhuset med nya leksaker, hon behövde också få. Och så fick hon en stund alldeles själv på lekterapin, som egentligen hade stängt för städning. Men de släppte in henne för en stunds lek och tröst.

Märklig värld det här sjuklivet. Omvärlden försvinner och all energi koncentreras i vardagen med barnen.

Torsdagen den 4 november 2004

Det känns som vi vadar i vatten. Vi är trötta. Det är tidiga mornar och intensiva dagar. Just nu är Stella sjuk och hemma från dagis med feber och hosta.

Leon fick sin spruta i går och i dag på dagvården. Hans blodvärden är fortfarande låga. Han har fått lite feber, antingen det nu är Cytosarsprutan eller samma förkylning som Stella. I morgon ska han träffa läkaren för koll. Och så har han just kräkts upp sin sond, när vi försökte tejpa om den. Vi ska försöka ge honom medicinen i munnen i kväll och hoppas han inte kräks av den. I så fall får vi ta oss till sjukhuset och få ny sond i kväll. Om han bara kan ta sin medicin satsar vi på att han klarar sig utan sond tills i morgon och förhoppningsvis blir så hungrig att han äter eller dricker något självmant.

Fredagen den 5 november 2004

Eftermiddag på sjukhuset. I dag var det mycket väntan och jobbigt för Leon. Han har feber och hans provsvar från i går visade att han är "neutropen", det vill säga att han har mycket få neutrofila vita blodkroppar, bara 0,3. Det innebär att om febern bara så mycket som smyger sig upp till 38,5 så ska vi kontakta sjukhuset och sen ska han läggas in och få antibiotika intravenöst. När infektionsförsvaret är så dåligt är risken stor att man ska drabbas inte bara av infektioner utan också av sepsis (blodförgiftning) och därför kör man i gång med antibiotika direkt. Hans Hb är fortfarande lågt, 83, men eftersom proverna visar att han producerar många nya blodkroppar så trodde inte läkaren att han kommer att behöva blod.

Leon var hängig under dagen, han har bara druckit vatten. Trots att han vaknade många gånger hungrig under natten blev han tvärarg om jag kom med välling – han vill verkligen inte äta. Men så fick han en ny sond. Det var jobbigt, men när sondnäringen väl börjat ticka in blev han gladare, och nu på kvällen har han varit busig och glad och lekt igen. Vi hoppas det är ett gott tecken och att han slipper infektion.

Det är otäckt med så låga värden. Samtidigt är det ju det som är meningen med behandlingen: att pressa hans blodkroppar så mycket att det inte finns någon möjlighet för eventuella kvarvarande cancerceller att föröka sig eller överleva. Senare i behandlingen anpassar man doserna mer.

Söndagen den 7 november 2004

Helgen har gått bra, förutom struliga nätter. Leons feber har inte stigit och i eftermiddags var han feberfri. Pigg, lekfull men blek. Vi har varit försiktiga med att träffa folk. Vi hoppas att han återhämtar sig nu och att hans vita blodkroppar ökar. Han är märkbart nöjd med att ha sin sondmat igen. I går satt han och pratade med sin slang när det var dags att sova, den börjar bli en god vän. Och han pratar mycket om mössorna på magen som är borta (just nu har han ju ingen nål i port-a-cathen, får ny på tisdag).

I går en tur till Flyinge på kvällen för att titta på hästar. Grävmaskiner, motorcyklar och hästar kan göra Leon salig. Stella däremot tycker att det är läskigt med hästar. I dag har vi matat ankor och fått besök av en vän som har städat till oss. I kväll kommer först morfar och lyssnar på Stellas hosta, och sen kommer Agnes äntligen hem igen från Stockholm eskorterad av sin faster Maria som stannar ett par dagar och hjälper oss.

Tisdagen den 9 november 2004

Vi drömmer om andra tider och hankar oss fram. Stökiga nätter, envisa virus och ängsliga tempkontroller. Leon har klarat sig hittills, även om han nu verkar ha fått Stellas hosta också. I eftermiddags var tempen 38,4, så det var så nära han kunde komma att läggas in utan att göra det, men sen släppte det och han blev piggare.

I dag var vi på sjukhuset för att börja veckans serie Cytosarsprutor. Leon fick först ett stick i fingret för att kolla blodvärdena: värdet för hans neutrofila vita blodkroppar behöver vara högre än 0,5 för att han ska få behandling, och han hade bara 0,3 sist (normalt är 1,5–8). Vi hann ner en vända på lekterapin medan vi väntade på besked, Leon var trött och hängig, men körde ändå runt med vagnen och var med på en sångstund. Sen upp igen till avdelningen och hans vita var uppe i 0,9. Läkaren tog en titt, eftersom han är hängig, men allt verkade okej. Hon beslöt att kolla hans urin för att se om han har fått svampinfektion. Han har stora besvär med sårig bak efter lång tids diarré. Och svampinfektioner slår gärna till när blodvärdena är dåliga. Länge fick han medicin i förebyggande syfte, men när han började må mer illa för ett par veckor sen så kräktes han alltid när han fick den i munnen, så vi slutade med den.

Trots allt är det en ganska glad kille som stökar runt här om dagarna. Han har blivit så mycket mer rörlig nu, det märks att hans stelhet av Vincristinet börjar släppa och ögonen börjar se mer normala ut igen. För Leon är det så normalt nu med sjuklivet och att vara hemma om dagarna, men Stella blir ännu mer vild än vanligt av att inte vara på dagis, hon längtar verkligen dit.

Onsdagen 10 november 2004

Febernojan vi haft ett tag är utmattande. I natt när Leon vaknade halv två och ropade på vatten och jag gav honom flaskan och kände en våg av värme slå emot mig, så var det bara en bekräftelse på vad vi känt skulle komma. Febern var 39,6 och det var bara att ringa upp till avdelningen och stiga upp och packa. Micke åkte in och vi räknade med en vecka där uppe. Leon fick ett rum och fick ta tempen, men som genom ett under (som Micke tyckte var ganska genant, om än skönt) så var febern plötsligt bara 36,7. Icke desto mindre togs prover och Leon fick åka på lungröntgen vid 03.30-tiden. Allt såg bra ut, hans värden var bättre än på länge och hans vita blodkroppar hade återhämtat sig till normala nivåer. Nästa morgon enades läkarna om att det var "Cytosarfeber", alltså feber orsakad av det cellgift han får nu, och han kunde komma hem igen vid lunchtid efter en injektion Cytosar till.

Leon har inte varit feberfri på två veckor men i dag har han varit både feberfri och sprallig. Han kräktes dock mycket i morse, så vi har fått med oss extra illamåendemedicin hem.

Stella däremot har haft lite feber i en vecka nu och kanske är det nåt envist virus båda har men kanske är det nåt annat på gång, för i kväll hade febern stigit. Vi hoppas på samma mirakelnedgång för henne över natten, så att vi slipper ta med henne till barnakuten i morgon när vi åker upp med Leon till dagvården. Dessutom är det stökigt med båda de små hemma under lång tid, hon behöver sitt dagis och blir lätt svartsjuk på all den extra uppmärksamhet Leon får.

Agnes var också hemma i dag för att vara med Leon på sjukhuset, men så blev det ju aldrig.

Dagarna när alla barnen hemma är en logistisk prövning. En av oss går runt med Leons sond, en försöker hinna med Stella som annars lätt går i närkamp med Leon eller gör sådant hon inte får. Agnes får minst av vår tid.

Om sen mat ska lagas och tvätt ska tvättas blir det som att jonglera med fyra bollar samtidigt, ett omöjligt projekt.

Torsdagen den 11 november 2004

Jag vill skriva om rädslan. Det är ju när man känner sig samlad och i balans man skriver, inte när man sitter på sängen och gråter.

Det finns så många slags rädsla i det här, och rädslan har förändrats och fått nya uttryck hela tiden, lever sitt eget liv, hur klok och kompetent och samlad man än är.

Den första rädslan: den förlamande, när tiden stannade upp, när allt blev overkligt och läkaren som kom in på akuten presenterade sig och berättade att han kom från avdelningen för cancer- och blodsjukdomar, när jag slutade andas och väntade, när tiden stannade. Rädslan så överväldigande. Vi grät över Leon, över hans sjukdom, över hans blekhet och hans smärta, över allt han fick gå igenom, över hans förlorade tillit och hans rädsla för andra människor. Men vi tillät oss inte att säga det: att han kanske inte skulle klara det. Det gick inte att tänka. Men rädslan fanns där hela tiden. Man klamrar sig fast vid procenten, vid den goda prognosen. Alla vi berättar för klamrar sig fast vid den. Det kändes så bryskt och svårt att ta in, det en läkare sa, att det är missvisande att tänka i procent, att för Leon vet vi bara att han har 0 eller 100 procents chans och att vi inte vet mer än så.

Men så går tiden, och långsamt tog vi till oss vidden av det. Vi träffade andra barn som inte skulle klara sig. Det finns så mycket smärta i det att det inte är konstigt om man försöker låsa in rädslan för att orka med dagarna. När läkaren efter det avgörande benmärgsprovet kom in till vårt avtalade möte och skakat sa till oss att det inte såg bra ut, föll vi ner i en brunn av rädsla, då försvann marken under fötterna. Och när läkaren nästa dag strålande förklarade att det ändå gick, att han klarat gränsen precis, då var det svårt att hitta marken igen. Faran var över, men rädslan hade hittat oss, på riktigt.

Den finns ju där hela tiden. Leon har klarat gränserna, han är glad och leker, han har inga synliga cancerceller. Men vad innebär det egentligen att behandlingen tog långsamt i starten, vad innebär det för hans chanser? Sen när vi hittat mark under fötterna igen, dök det upp nya varningsflagg. Nu senast hittade de konstiga vita blodkroppar i spinalvätskan. De vet inte vad det är, det var inga cancerceller, men de måste undersöka mer för att få svar. De ska göra ett extra prov när han sövs nästa gång, om två veckor. Den rädslan försöker vi skjuta åt sidan. Skulle det vara cancerceller blir det uppflyttning till intensivare behandling. Tror vi. Vi frågar inte om det nu, det är ju något vi ändå inte vet.

För det är också en överlevnadsstrategi som vi lär oss, att skjuta rädslan åt sidan, att hålla oss till det vi vet. Vi måste inte bara orka själva, vi måste orka ge alla tre barnen glädje, vi måste orka vara i nuet.

Och det är svårt, vi faller ihop, vi orkar inte, vi gråter och vi tappar kontrollen. Det vore konstigt annars. Men vi försöker hålla oss till Leon och hur han mår, försöker hitta en vardag, försöker skratta. Det fungerar ganska bra när Leon skrattar och mår bra. Han är en liten hjälte. Kräks och gråter ena ögonblicket, men leker nästa. Han vet att sjukhuset är vardag och står ut, lär sig att det är så här det är och lever efter det. Bara det är så man kan gråta, men det är viktigt att det blir så man kan skratta.

En Stella med feber som kommer och går har just fått för sig att halv elva är en bra tid att sjunga sånger (just nu hör man "liten tomte tittar ut") och prata på om tomten som kommer med dockor. "Allihopa sover" ropar hon sen. Hon borde kanske ha ett eget rum? Blir en sen kväll det här.

Söndagen den 14 november 2004

I dag tog vi en tur med cykelkärran till Stadsparken i strålande höstväder. Leon och Stella jagade ankor och tittade på tuppen i voljären, som olyckligtvis gol just när vi var där så att båda de små måste tröstas. Sen satt de och nickade till på vägen hem, åtminstone Stella var rödkindad och båda var nöjda.

Leon är morfinfri. Efter den förra misslyckade nedtrappningen tog vi det nu extremt långsamt och det gick helt smärtfritt. Han behöver inte ens Alvedon: han är fri från smärtor just nu. Vi får väl räkna med att de kommer tillbaka när han går in i nästa behandling med Vincristin, men det blir inte förrän efter jul. Han är fortfarande vinglig och ögat hänger lite ibland, men det är mycket bättre också med det.

Det är svårt att sätta ord på den här känslomässiga berg-och-dalbanan. Jag försöker, går i ringar runt, letar ingångar och utgångar. Varje försök att sätta ord på det är jobbigt, precis som det är jobbigt att se de där bilderna vi har från första tidens sjukdom. Agnes har just gjort ett album med egentagna bilder på Leon innan han blev sjuk, bilder från den första tiden när han trådsmal, blek och med stora ögon var hemma på permission för första gången och bilder när han var klotrund av kortisonet och hade tappat sitt hår. Hon ska ta med det till skolan för att kunna visa sina kompisar.

Nästa vecka är Leon ledig från tyngre behandlingar. Då får han chansen att återhämta sig inför nästa omgång med inledande högdosbehandling och följande Cytosarinjektioner. Det blir skönt.

Tisdagen den 16 november 2004

Ingen dramatik att rapportera om. Faktiskt har Leon inte mått så här bra sen innan han blev sjuk. Om dagarna har vi varit ute korta rundor och tittat på grävmaskiner och ankor och i dag fick han leka lite på dagis när vi hämtade Stella. Vi var en sväng till sjukhuset i går och tog blodprov, värdena ser bra ut. Hb är lågt som vanligt, ligger på 87 men den nivån är han van vid nu. Han ser blek ut ibland och han sover länge på dagen, men annars märks det inte så mycket på honom. Hans vita blodkroppar ligger bra, så han är inte särskilt infektionskänslig nu, vilket gör det lättare att ta med honom till affären eller till dagis.

Vi har pratat med dietisten om att gå över till stödmatning, så att han får en omgång sondmat direkt efter måltid och sen får gå utan så han hinner bli hungrig mellan målen. Nu har han haft mer eller mindre kontinuerlig tillförsel, så han har inte känt någon hunger. Och han har blivit bekväm, att tugga är för jobbigt. Vi tror att det blir svårt. Nu får han den dos sondmat som han ska ha enligt tabellerna per dygn och han har blivit rätt knubbig. Våra barn har aldrig varit stora i maten, vi funderar på om han helt enkelt får lite för mycket per dygn för att känna någon hunger. Men det ger sig väl, så småningom. Det viktiga är att han får i sig tillräckligt för att vara glad och växa (men han har inte växt på längden alls sen han blev sjuk).

Torsdagen den 18 november 2004

Här har det varit en glad kväll, mycket bus och skratt. Leon har sprungit runt i glädje över att kunna springa igen, Stella har åkt efter med sin bil. Det är en sådan vila när de är vänner i stället för att bara bråka. Hon har nog saknat sin busbror, Stella. Hon blir så lycklig när han finns där igen.

För han har mått bra, även om han är förkyld. I går snorade han så på morgonen att tejpen som håller sonden på plats lossnade och sonden gled ut. Det var bara att åka upp till avdelningen och få ny sond. Överhuvudtaget var det mycket sondmat i går, nya rutiner, nya flaskor. Det var struligare än vi trott att ge honom stötdoser efter varje måltid, han klarar inte mer än 80–100 ml vätska per timme och knappt det. Då kräks han, och det hände både i går kväll och i morse, så nu är vi väldigt försiktiga. Men det verkar göra skillnad. Han hinner bli hungrig och faktiskt riktigt nyfiken på maten. Än tuggar han dock mest och spottar ut maten igen – att svälja är för jobbigt.

Söndagen den 21 november

En bra helg med födelsedagsfirande. Det var rena julafton i morse när tre barn skulle firas samtidigt, presenter i hela sängen. I dag när vi hade födelsedagsfirande med morfar, mostrar, morbröder och farmor gick Leon runt och bara myste. Han har till och med käkat lite pizza i kväll. Det går inte att förklara hur underbart det kändes när han glad och hungrig ropade "mat!" och sprang till sin plats, för att sen sitta och äta pizzabitar.

Men Leon borde vara lika slutkörd som oss efter terrornätterna vi haft. Han vaknar och är arg, vill till oss, vill upp, vill tillbaka till sängen och är snorig och det tar ungefär tre timmar, varje natt, innan han sover igen. Stella vaknar till och vill ha välling, försöker förklara för brorsan att det är "mitt i natten", "mörkt ute", "sov nu Leon" och sen somnar hon om medan Leon bökar vidare.

Vi har ett florstunt lager med snö här i Lund. Minusgrader och skimrande vackra dagar. Korta turer med snörvliga och hostiga barn till lekplatsen.

Tisdagen den 23 november 2004

Pumpen tickar på, Metotrexat och vätskedropp tickar in. Leon sover lugnt.

Gårdagens provtagning var bra och det var ingen tvekan om att behandlingen kunde starta. Faktum var att han kommit upp i normala värden rakt över. Men Hb på 100 – inte konstigt att han känts så pigg och glad. Och han har fortsatt att äta lite, smaka på maten, vara intresserad.

Leon åkte fastande in till avdelningen i morse, fick sätta nål i port-a-cathen och sen nästan genast komma upp på operation för sövning. Han var lugn och glad inne på operationsrummet och somnade snabbt och lätt. En läkare från avdelningen passade på att undersöka honom när han var sövd. Sen kördes han till uppvaket där han fick ett exemplariskt uppvaknande. Han sövdes vidare i en timme, vaknade sen och sträckte lite på sig. Kommenterade det lilla barnet i sängen bredvid som grät. "Bebis ledsen, bebis i sängen, där." Själv mornade han sig, ville upp i knät, svajade där han satt. Väl nere på avdelningen var han snart på benen. Och det har han varit hela dagen, farit runt, lekt med allt, sprungit i korridorerna. Det märks att han har rutin på det här.

Samtidigt som han sövdes sattes ett dropp för att "vätska upp honom" och ge honom ett pH-värde över 7 vilket krävs för att kunna starta behandlingen. Vid 14 sattes cellgiftsdroppet som ska gå in i 24 timmar. I morgon klockan 13 tas ett stick i fingret för att kolla "toppkoncentrationen" och sen börjar väntan på att koncentrationen av cellgiftet ska gå ner under den magiska siffran 0,2, då han får åka hem. Vi får se hur lång tid det tar den här gången. Prover tas timme 36 och därefter var sjätte timme och från timme 42 ges motgift. Hela tiden ges extra vätska för att han ska kissa ut cellgiftet, så det är ett himla sjå med blöjbyte här.

Systrarna var här. Agnes skulle firat sin födelsedag med en kompis som tyvärr blev sjuk, så hon kom upp hit i stället och de åkte alla tidigt hem för att hinna köpa hamburgare och ha en myskväll med Agnes där hemma. Stella var förtvivlad inför avskedet, men Leon tog det helt coolt. Att han skulle sova här var varken tråkigt eller jobbigt utan helt naturligt. Förresten var deras möte i dag helt underbart: Stella och Leon sprang emot varandra genom den annars öde korridoren och förenades i mitten i en kram.

Onsdagen den 24 november 2004

Födelsedag. Leon sov bra, vaknade ibland och grät, verkade må illa men somnade om snabbt. I morse klockan åtta tågade personalen in och sjöng för honom. Leon satt storögd i sin skjorta i sängen, vågade inte röra det jättelika paket de överräckte. När han sen öppnade det blev ivern desto större: en enorm långtradare med en grävmaskin på.

Dagen har varit full av firande. Leon är trött och tagen av behandlingen och sjukhusvistelsen, men har ändå hållit i gång i korridoren och följt en femårig kille i hälarna. På dagis firade Stella och hade med sig en present därifrån till Leon. I bilen pratade hon oavbrutet om att hon skulle träffa Leon och säga "gomorron Leon" och krama honom. Och gå till lekterapin. Agnes var hemma från skolan, trött och sliten av allt. Det är svårt för henne att leva normalt när ingen annan i familjen gör det. På lekterapin blev det mera firande, hela personalen tågade in med presenter till alla tre och sjöng och spelade gitarr. Vi fick med oss en jättelik flagga att ha på rummet. På kvällen åt vi hamburgare som Barncancerföreningen bjuder inneliggande familjer på varannan onsdag. Och innan vi skulle hem fick också Stella sång och present av personalen på avdelningen.

Det är intensivt med sjukhusvistelser, att hinna med alla barnen, komma hem sent, natta och hinna prata, se hemmet bara i förbifarten. Och så dagarna på sjukhuset när Leon är fastkopplad i droppställningar och slangar. Vi springer efter och trasslar ut honom ur slangarna. Men Leon själv har rutin. Bara en gång i dag har han sagt att han vill åka hem. Stella tycker sjukhuset är spännande, men har jobbigt med separationerna. Och Agnes har haft jobbigt ett tag, inte minst med skolan. Inte skolarbetet utan framför allt alla sociala relationer som kan vara så jobbigt på mellanstadiet ändå. "Det känns som om alla blivit så dumma mot mig sen Leon blev sjuk", sa hon i dag, men egentligen handlar det nog om att hon inte orkar med det där sociala spelet just nu, när Leon är så sjuk och allt är så anspänt. När hon känner så mår hon bäst av att vara med oss på sjukhuset. Där har hon inga problem med att ägna sig åt läxor en del av tiden, med lite uppmuntran.

Torsdagen den 25 november 2004

Pumpmaskinen tickar. Cellgiftet försvann inte lika fort den här gången. Leon sover redan tungt efter en intensiv dag med mycket spring, mycket lekterapi och dessutom en varietéföreställning med Månteatern så här på kvällskvisten i ljusgården. En ganska nöjd pojke somnade efter sagoläsning och vaggvisa redan halv åtta.

Det viktigaste med den här dagen var beskedet om spinalvätskan. Alla analyser är färdiga och allt är bra. Nu kan vi njuta av att Leon mår så bra och allt går åt rätt håll, även om oron naturligtvis finns kvar i många år framöver. Det kan komma fler varningssignaler och extraprover. Men precis just nu är det bra.

Lördagen den 27 november 2004

Det var så skönt att komma hem. Att få tid att låta det sjunka in att det är bra just nu. Att försöka få vardagsstöket här hemma lite mindre stökigt. Välbekanta vardagssysslor, promenader och skjuts till aktiviteter för Agnes.

Leon mår okej, han är blekare och tröttare och mår illa. Värdena brukar sjunka i en vecka efter behandlingen. Det känns jobbigt att se honom bli sämre igen, men den här gången har vi med oss hur pigg han blev i slutet av den här cykeln, när alla Cytosarsprutorna var över, dem han nu ska få i två veckor framåt.

Adventsstjärnorna är upphängda och vi har fikat morfars nybakta lussekatter. I morgon har Agnes ett födelsedagskalas för klassens tjejer som ordnas av våra vänner.

Själv var jag hos läkare i fredags och blev sjukskriven fram till januari, sen ska vi försöka jobba 25 procent, både jag och Micke. Känns bra att börja igen, måtte det gå vägen enligt planerna.

Måndagen den 29 november 2004

Ny behandlingsvecka. I dag var Leon uppe och tog prover för att se om han har tillräckligt bra värden för att få starta. Sen blev det en runda till på kvällen. Liksom förra gången mår han illa och vid middagsbordet kräktes han upp sin sond igen. Det är tji att få honom att äta eller dricka, så Micke tog bilen och åkte upp igen för ny sondsättning. Stella började gråta när Leon skulle i väg, men själv tog han det helt coolt, vinkade hejdå, knallade glatt in på avdelningen. Och när han väl var hemma igen och fått lite mat och medicin genom sonden var han glad och han och Stella matade dockor och körde brandbilar här på kvällen.

Annars var det en bra helg, vi tog en snabb runda till tivolit på stan i går och såg julskyltning på vägen. Agnes hade sitt kalas. Stella var med, men Leon fick bara komma in en kort stund innan vi gick hem (jag kunde inte tänka på annat än eventuella bakterier).

Vardagen känns kaotisk fastän vi båda är hemma och inte gör många knop, men vi är väl fortfarande i något slags chocktillstånd. Själv känner jag hur jag kastas mellan lycka över att se Leon glad och pigg, över att vara tillsammans allihop, oro inför framtiden och missmod över att bara vara i vecka 12 och ha två år och tre månader kvar av det här, känslan av en underlig tomhet, av att leva i en bubbla, en stark närvaro och samtidigt de där smärtsamma återblickarna på hur det var i början, hur Leon mådde, hur det kändes. Man lever så distanslöst i det här, det går inte på annat sätt.

Onsdagen den 1 december 2004

Adventskalenderstart. Vi är vana vid behandlingsprotokollens tideräkning, men det finns ju andra. I går startade Leon sin Cytosaromgång den här veckan. Han fick nål i port-a-cathen och injektioner med Kytril mot illamående och sen Cytosar.

Någon feber har han ännu inte fått, men det kommer kanske. Däremot mår han illa, i natt låg han vaken och svalde och hulkade i timmar, kunde inte somna om men kräktes inte. Nu ska han få en halv extra tablett på kvällen.

I dag en lång vända på sjukhuset: spruta, tandhygienist och läkarbesök. Vid läkarbesöket fick vi veta att hans levervärden har försämrats. Så kan det bli av högdosbehandlingen men läkaren sa att de kommer att återhämta sig.

I stort sett mår han rätt bra, men det märks att det är behandling. Det är inte samma gnista i honom som den lugna veckan innan högdosen. Han är otroligt gosig, vill vara mycket i knät och läsa många böcker. Och vi minns den första tiden, när han var så sjuk och så chockad av sjukhusmiljön och alla undersökningar, då han inte ville att man skulle titta på honom ens, höll handen för ögonen och bara ville sjunka undan.

Fredagen den 3 december 2004

I går och i dag har Stella varit hemma från dagis, eftersom ett barn har fått magsjuka där. Det vore onödigt nu. Dagarna har varit intensiva. Till Stellas lycka fick hon vara på lekterapin både torsdag och fredag. Först Leons spruta uppe på dagvården, sen en tur ner till lekterapin. Det är härligt att vara där, där finns allt för barnen och personalen är gullig. Nu när Leon inte måste lotsas med droppställning så är det lättare att njuta: där finns kaffe och tidning för föräldrar och åtminstone en av oss kan vila lite när vi är där tillsammans. Oftast känner vi eller känner igen barnen: de som kommer till lekterapin är de som är länge på sjukhus. I dag sken en liten flicka upp när hon såg Leons sondslang, hon blev så lycklig att det fanns ett till barn med en slang hängande ur näsan.

Söndagen den 5 december 2004

En bra helg har gått. Vi har haft goda vänner här och jag och Agnes har varit på *Trollkarlen från Oz* på Hipp i Malmö med våra vänner. Vi har varit på julmarknad på Björnstorps gods och tittat på hästar vid Romeleåsens sluttning. På det hela taget ett nästan normalt liv. Så normalt att helt vanliga ting som löss har hittat till oss. Ilfärd till apoteket och lätt hysteriska behandlingar och luskamningar och varningsmejl till dagis och skola. Av allt som kunde drabbat oss så var det något den här gången som alla utom Leon plågades av. Ha! Han har i alla fall garanterat inga löss!

Efter en intensiv och rolig helg blev det bakslag på söndagskvällen. Trötta barn som skulle leka med samma saker, plötsliga ilskeutbrott. Sondaggregat som strulade, pumpen som pep, glas som slogs ut, luskamningar till skrik, barn som snubblade och slog sig, disk, städning och ett pepparkakshus som rasade ihop till Agnes stora sorg.

Leon själv har gått runt i denna nästan normala helg och myst, han har en fantastisk förmåga att ta det lugnt när allt annat är kaos. Inget bekommer honom utan han bara travar på. I morse vaknade han dock av mardrömmar om en tupp, pratade om kuckeliku och "Leon lite rädd, Leon ledsen".

Onsdagen den 8 december 2004

Som alla andra dagar den här veckan har vi varit en sväng på sjukhuset. Leon var uppe för provtagning i måndags, hittade en katt i stickelådan. Hans neutrofila behövde ligga på minst 0,5 och låg på 0,6, vilket innebär att han fick starta sin behandling men också att han är infektionskänslig. Sen har vi haft två dagar med Cytosarsprutor. Hela veckan samma procedur: titta på julgranen på ljusgården, upp till dagvården, väntan, behandling, titta på fiskarna och leka på avdelningen, och när allt är klart ilfart ner till lekterapin. Han är så ivrig att han trampar runt i hissen som i startgroparna för att vi ska komma ner och han ska få springa dit. På lekterapin är det nu vattenlek och sandlåda som lockar mest. Den här veckan har hans kompis Kyle samma behandling och är där han också. Leon letar efter honom när vi kommer dit.

Och jag drömmer mest om löss i olika mognadsstadier. Jag kammar, jag kammar. Efter att ha läst på ordentligt har jag lärt mig att det lusmedel som används innehåller gifter som i större doser associeras med bland annat leukemi. Så jag kammar.

Söndagen den 12 december 2004

Bra helg men plötsligt sköljde julstressen över mig. Jag fick lugna ner mig och bestämma mig för några saker. Som att vi inte orkar skicka julklappar i år. Agnes har fått definiera vad som är viktigast för henne och så utgår vi från det. All ork går fortfarande till att ta sig genom dagen, orka tvätta och laga mat. Julen känns ouppnåelig. Men bara julgranen kommer på plats får vi väl köpa resten, julmat och julgodis.

Leon har mått bra, blir allt tuffare och högljuddare.

Tisdagen den 14 december 2004

Vi firade lucia på dagis i går. Hela familjen var med, jag satt framme i luciatåget med Stella på ena knät och Leon på andra. Trots att man ska undvika många människor på små ytor när värdena är låga tog vi risken. Det kändes viktigt för barnen. Agnes skippade skolans tåg för att se på alla tvååringar som chockat och med vidöppna ögon tittade på föräldrarna som tittade på dem. Det blixtrade i rummet medan vi sjöng, vi vuxna.

Leon fick hämta Stella sen och leka på dagisgården. Det känns bra, han säger barnens namn och blir upplivad av att vara med. Barnen ropar hans namn när han kommer och Stella är stolt. I morgon åker vi till Kyle, hans kompis, i stället. Vi passar på att göra saker nu när han är pigg och glad. För det är han. Han återhämtar sig och illamåendet försvinner. För varje dag blir han alltmer nyfiken på mat. Men nästa vecka kommer nog illamåendet tillbaka.

De ringde från dagvården, ett barn som var där samtidigt som Leon i torsdags fick vattkoppor i helgen. Inte ens på sjukhuset är man skyddad. Vi vet vad vi ska hålla utkik efter, men Leon har redan haft vattkoppor någon gång när vi inte märkte det. Just i Leons fall kan immunförsvaret dock ha glömt bort det. Och vattkoppor kan bli jobbigt för barn som behandlas för cancer.

Lördagen den 18 december 2004

Molly mus på video och snart nattning. Vi är slitna. Snus- och lusfria men slitna. De senaste månaderna har vi dränerats på krafter. Nu är det inte mycket kvar.

Veckan har varit bra för Leons del. Han har varit med en lite längre stund på dagis och sjungit med barnen. I fredags tog han prover på sjukhuset, kolugn och med ett "aj" bara uthärdade han sticket i fingret. Efteråt åkte Micke och Leon till 4H-gården och tittade på hästar, Leon var överlycklig.

Värdena var okej. På måndag blir det högdosbehandling med sövning och lumbalpunktion på morgonen och sen får vi se om vi hinner hem till jul.

Måndagen den 20 december 2004

Varje lördag hänger det en brödpåse på vår dörr. Bara en sådan sak.

En dag på sjukhus. Anspänningen var större än jag trodde den skulle bli, det var ändå fyra veckor sen. Men när vi kom dit och allt var bra och vi fick tonårsrummet med egen stereoalkov med mysfåtölj, ja då kändes det plötsligt lätt att vara där.

Inte minst är det Leon som gör det lätt. Det var en dag på sjukhus som fyllde oss med förundran och glädje över hans kraft, över hans förmåga att anpassa sig till nuet och se glädjeämnena i det. Små barn är fantastiska med det, att vara här just nu och att ställa om snabbt till ett annat slags liv. Om vi har lärt oss att leva så lite mer den här hösten är det helt och hållet Leons förtjänst.

Det har varit den värsta hösten i våra liv. Och samtidigt är det nog den höst vi har stått närmast livet självt, både i glädje och sorg. Vi har sett vår son må förtvivlat dåligt och vi har sett andra föräldrar kämpa, sett några förlora sina barn. Vi har sett överlevnadskonst och smärta, och samtidigt så mycket skratt och bus mitt i allt: barnen som framhärdar i att vara barn trots att håret fallit av och trots att omvärlden ser på dem med smärta och rädsla.

Vi intog tonårsrummet och Leon var rastlös i väntan på att få åka upp till operation. Han var fastande, nyduschad och klar och fick inte springa runt i korridoren. När det blev dags att "åka säng" och "åka hiss" steg humöret direkt. Uppe på operation var han mycket intresserad av alla leksaker där, inte minst lådan med småpresenter. Han valde en häst och lekte med alla saker medan personalen fixade honom i ordning. Han sövdes medan han lekte, jag la ned honom sovande på kudden när han inte orkade sitta längre.

Och trots att det går så bra blir vi aldrig riktigt vana vid att se vårt barn sövas. Fikar i köket på avdelningen, tittar oroligt på klockan tills de kommer och hämtar oss. En timme tog det i dag. På uppvaket sov han länge. Vaknade på ett strålande humör och har tillbringat resten av dagen med att prata oavbrutet och springa i vild fart genom korridoren med oss och droppställningen efter sig. När jag pratade med Micke i telefon i kväll hörde jag Leon i bakgrunden, han pratade högljutt i det nersläckta rummet. Han klättrade runt i sängen, alltmedan toxiska doser av Metotrexat tickade in via dropp.

Stella var också med en stund i dag. Två tomtar med säck gav presenter till barnen. Stella var lycklig och blyg och Leon hälsade glatt på tomten.

Torsdagen den 23 december 2004

Hemma. Som vi trodde blev Leon klar på timme 54, precis som förra gången, men fick ändå sova kvar i natt eftersom vi fick beskedet att han var färdig först vid tiotiden i går kväll. På morgonen sprang han lyckligt och utan slangar runt i korridorerna i full fart. Själv åkte jag upp med tjejerna för att hämta hem Leon och Micke. Innan vi åkte hemåt gick vi igenom nästa del av behandlingen med läkaren. Han berättade att proverna på benmärgen som togs i måndags ser bra ut. Han berättade också att de diskuterat vid upprepade tillfällen om Leon ska få en högre dos av Metotrexat vid fortsatta högdosbehandlingar, men att de enats om att hans snabba nedbrytning ligger inom normalspannet och att han inte ska utsättas för högre doser. Skönt. Det är inga ofarliga doser det handlar om.

Nu ska vi fira jul. Nästa vecka har vi den första helt behandlingsfria veckan, inte ens tabletter på kvällen. Det blir fantastiskt.

Måndagen den 27 december 2004

Agnes tar Leon och de andra barnen med sig runt granen hos våra vänner och sjunger *Små grodorna*. Att dansa runt granen har blivit en populär lek och helst är det *Små grodorna* som ska dansas. Annars är det mest *Vi gratulerar* som har dominerat bland julhelgens sånger, med viss diskussion om vem som ska gratuleras. Födelsedagsfirandena och julen har glidit ihop i ett enda stort firande och paketöppnande.

Det har varit en skön julhelg. Vi har varit tillsammans och vi har firat och känt en sådan glädje och tacksamhet. På julafton föll blötsnön hela dagen och töade på marken, men inifrån var det otroligt juligt. Tomten kom. Agnes var avvaktande, hon har ju genomskådat allt, men Leon och Stella kom fram och tog emot paket och det lyste lyckligt i deras ögon.

Leon befinner sig just nu i vecka 16, på dag 113 av behandlingen, och det är den första dagen utan någon som helst medicin av en veckas ledighet. Han kastade sig över macka och mjölk i kväll, kanske hinner han vänja sig vid vad det är att äta innan nästa veckas tunga behandlingar kör i gång.

Torsdagen den 30 december 2004

Vi är lamslagna, som alla andra, av tsunamin och alla nyhetssändningar, av tragiken, av berättelserna.

I dag var vi på sjukhuset på förmiddagen, Efter provtagningen var hela familjen på lekterapin, först av alla för dagen. Medan personalen tog hand om våra barn kunde jag och Micke dricka kaffe och bara vara i lugn och ro. Lekterapin är också föräldraterapi. Inte bara att få en stunds avlastning, utan också att få vuxenkontakten med både varandra och personalen och att se barnen i en annan miljö, lekandes, se dem lite mer utifrån en liten stund. De är ju alldeles fantastiska varelser, alla tre.

I morgon är det sista dagen på år 2004 och ärligt talat så känns det mer som fredagen före nästa behandlingsfas än som nyårsafton. Vi firar ändå. Måtte vi få ett ljusare år än det vi lämnat.

Leon inleder behandlingen på måndag med en heldag på dagvården. Först sövs han och får Metotrexat direkt i spinalvätskan. Medan han är sövd får han också en intramuskulär spruta, Asparaginas, som gör ont om han är vaken när han får den. Under dagen ska han också få Daunorubicin i ett fyratimmarsdropp och Vincristin som injektion. Och på kvällen börjar han äta kortison, vilket han ska göra i 15 dagar för att sen trappa ner det under ett par veckor. Det är tufft. Vi vet att han kommer att få dåliga värden igen, att han kommer att må mer illa, att han kommer att få ont i benen igen av Vincristinet och att han kommer att få ett sjusärdeles svårt humör medan han äter kortison.

Måndagen den 3 januari 2005

Hemma efter en hel dag på sjukhuset. Leon har varit fantastisk som vanligt, blev sövd på bra humör, vaknade på bra humör, kom snabbt på benen igen. Men i dag var det många mediciner och han blev tagen efter en hel dags cellgiftsintag av olika slag. En lång session med Stella på lekterapin hann vi också med. Stella, som hade haft barnvakt av farfar Erland, Karin och min bror Tor på förmiddagen, fick åka hem med Micke när lekterapin stängt. Sen for jag och Leon runt på avdelningen, vilade, såg filmer och läste böcker. Vid sju var vi hemma igen, och nu har Leon somnat och fått sin kortisondos via sonden.

Hos läkaren pratade vi om att det är dags att "dra sonden" snart för att få i gång honom att äta. Vi bestämde att vi skulle avvakta för att se hur han reagerar på behandlingen och dra ut sonden om kortisonhungern sätter in. Det är viktigt att han inte blir alltför bekväm och glömmer bort att äta. Risken finns med så små barn.

Vi har besök och hjälp här hemma. Det var skönt i dag att kunna vara båda på sjukhuset trots att det är skol- och dagislov och komma hem sen till lagad mat och städat hem.

Onsdagen den 5 januari 2005

Den dos kortison Leon får är större än normaldosen för en vuxen. Och biverkningarna är enorma. "Steroid hell" är ett ganska talande uttryck. Kortisonhelvetet bröt lös i går eftermiddag och Leon fick allt tätare utbrott för att till slut skrika oavbrutet tills han somnade. Med den dos han får, sa en läkare, skulle inte ens en vuxen kunna kontrollera sina reaktioner. Han hamnar helt i känslans våld. Varje nytt utbrott blir nästan omöjligt att få slut på förrän han är utmattad eller börjar tänka på något annat. Och det är omöjligt att förutsäga vad det är som ska få honom att tappa kontrollen. Sen är det svårt att veta vad som är smärta av Vincristinet eller illamående i det hela.

I dag har Leon varit trött och blek, röda ringar runt ögonen, velat vara i famnen. Han har inte varit lika arg, tappade humöret först när han skulle sova. Han är liksom långsammare och ledsnare, känns yr, känner sig nog allmänt hängig. Men det hindrar inte att han emellanåt är pigg, hoppar i sängen och sjunger vid matbordet. Det verkar troligt att sonden ryker snart, för han äter faktiskt. Vi vågar nästan inte titta på honom när han glatt stoppar i sig pizzabitar och lyckligt flaxar med armarna.

Vi har haft en strålande dag ute. Hälsade på hos vänner. I morgon hoppas vi kunna göra en utflykt till skogen, om vädret är vackert. Eftersom Leon känns så hängig går jag och väntar på nästa provtagning, som om det att veta vad han har för värden skulle göra det hela bättre. Men det är något slags trygghet i det som man klamrar sig fast vid.

Fredagen den 7 januari 2005

Vincristinsmärtan är tillbaka. Leon har det tufft, men med den imponerande och nästan obegripliga styrka han har lyser han ändå upp, hoppar i sängen, leker koja, skrattar, matar fiskarna. Vi hade länge hållit fast vid hoppet om att den här gången, när han mår så mycket bättre, skulle han inte få samma smärtupplevelse. Men sen i måndags har smärtan stegrats, från att ha synts som en glans i hans ögon till i natt då han vaknade flera gånger i timmen och hade ont, i fötterna, magen, händerna, huvudet. I dag har han velat äta hela tiden men haft ont i käkarna. Allt är typiskt Vincristinsmärta. Det fanns ingen tvekan när vi träffade läkare i dag om att vi skulle börja med morfin igen. I helgen ska vi pröva oss fram, ge honom morfin när han har ont upp till sex gånger per dygn, och på måndag ska vi diskutera fortsättningen. Det känns sorgligt att vara tillbaka här, att han ska behöva ha så ont, behöva morfinet. Det är nästan det värsta man kan tänka sig, att lyfta upp en stel barnkropp som skakar av smärta och klamrar sig fast men sen vill ner igen på sängen för att beröringen gör så ont.

Trots detta leker han. Men smärtan har en tendens att bli en ond cirkel och det var bra att vi bröt den med morfinet.

Vi har haft en förmiddag på sjukhuset, han fick nål i port-a-cathen och en Asparaginasspruta med tre timmars chockberedskap efteråt. I dag var inget roligt, han var helt slut efter natten och grät av trötthet och smärta och vi fick låna ett ledigt rum där vi vilade i ett par timmar tills pizzasuget tog överhanden. Pizza har seglat upp som en given favorit under den här kortisonsvängen.

I går var vi i Trollskogen. Det var skönt att ta oss ut ur stan, men Leon hade det inte bra då heller. Agnes och Stella for runt i löven, men Leon satt i vagnen och ville hem. När han kom att tänka på pizza var det bara att köra via pizzerian hem. Han ropade uppfordrande på pizza hela vägen och kastade sig sen på maten med skakande händer och dramatisk frenesi, bara för att få ont i käken när han väl skulle tugga.

En del barn har det så här. Läkaren i dag tyckte att det är just den här åldern som är värst. En del småbarn slutar helt att gå, och så långt har det ju inte gått. Den första månaden satt Leon mest i vagnen och sängen. Då kunde han inte gå en period, benen skakade när man satte honom på golvet. Nu far han runt, om än lite långsammare än före måndagen.

Tre sprutor Vincristin till den här omgången.

Måndagen den 10 januari 2005

Dag 127, vecka 18 av Leons behandling.

Smärtorna lättade under helgen. Nu har han fått en till Vincristinspruta i dag, så smärtorna kommer nog tillbaka. Om det kan fortsätta vara så att han "bara" har riktigt ont i några dagar så kan vi åtminstone slippa göra honom morfinberoende igen. I dag har han haft ont i magen. Både Vincristin och morfin ger förstoppning. Dags att ge honom Laktulos en period. Han äter konstant, och kombinationen smör, pizza, mjölk och chips kanske inte är den bästa.

Efter en helg utan stora smärtor och med intressanta vindar och kullfallna träd att titta på var vi på sjukhuset i dag för heldagsbehandling. Och nu är Leon ett kortisonmonster. Han har ett ohejdbart driv som gör honom rastlös och hungrig hela tiden. Han springer runt i korridoren och ropar "vidare" med arg och uppfordrande röst. Har inte ro att göra något, blir allt argare, äter lite pizza och ökar tempot hela tiden tills han kollapsar i sin säng, "lite trött, vila lite, sova sängen". Det här var en dag då han ville "åka hem" redan när han kom dit. Vi var en hetsig sväng på lekterapin, snabb marsch genom alla rummen, "vidare", och så ut igen, upp i hissen till avdelningen. Det är utmattande. När vi skulle hem sken han upp och fick så bråttom att han hoppade, "åka hem" ropade han och sprang i väg mot hissen.

Den här veckan börjar vi båda jobba 25 procent. Det blir bra för oss att komma i väg på något eget om dagarna. Men det känns konstigt, vi har ju inte jobbat på fyra månader någon av oss.

Torsdagen den 13 januari 2005

Vi räknar ner dagarna med kortison. Ständiga raseriutbrott. Leon vill till slut bara dunka huvudet i golvet tills han inte orkar mer, vänder sig då på rygg och sträcker upp armarna och ropar förtvivlat: "Mamma hjälp Leon". Han har det svårt och det är svårt att se. I går och i dag har han fått allt sämre aptit, och vi har funderat på om det är smärtan. Så nu kör vi mer sond igen och han blir så glad när han ser oss pyssla med sondväskan: "Mat i slangen!" säger han lyckligt. Dessutom får han morfin kontinuerligt dygnet runt. Det tyckte läkaren i dag och så kör vi, åtminstone fram till lördag.

I dag fick Leon sin sista Asparaginasspruta i låret. Det hade varit en jobbig dag på sjukhuset och Leon grät mycket. Han fick till slut eget rum eftersom han var så ledsen, och han blev lugnare när han fick sitta i sängen och leka lite, se på *Teletubbies*. Somnade gjorde han inte förrän han kom hem igen.

Fredagen den 14 januari 2005

Magsjuka. Alla har haft en släng av den utom jag och min mamma som är här och hälsar på. Stökig natt och stökig dag. Leon var på ganska bra humör i morse, sen inträffade ett drama i puffen där Stella med bråk i blick och leende på läpparna drog ut Leons sondslang medan han grät och kämpade emot. Det går så snabbt när olyckan sker. Sen gömde sig Stella under diskbänken en stund medan vi pratade med sjukhuset. Han fick vara utan sond på försök under dagen men sen fick vi ändå åka upp på eftermiddagen och sätta ny: han åt ingenting, drack knappt och vaknade på uselt humör efter lunch och var ledsen i ett par timmar. Sjukhusvistelsen var inte heller kul, han visste precis vad som skulle hända. Först när vi kommit hem igen blev han glad igen, när han fått sondmat och slangen satt på plats.

Måndagen den 17 januari 2005

Leon är arg. En skillnad i dag är att han återfått aptiten och då är lättare att få lugn i korta perioder: med köttbullar, korv, makaroner eller kakor. Annars var han knappast lugn under dagens besök på sjukhuset. Efter korta skrikturer runt på avdelningen eller ut i köket fick vi helt enkelt ta honom under armen och bära in honom på sängen igen, där han temporärt blev lugn och sov en stund. Han orkade inte glädjas åt något, inte åt att hans kompis Kyle var där, inte åt att sköterskan Sofia kom och pratade med oss i köket – personer som i vanliga fall får honom att lysa upp i glädje.

Och ändå är han ju där, glimtvis, när han hämtar andan. Eller som i går, när Micke tog med Leon och Stella till 4H-gården och Leon lyckligt stormade in i stallet, ropade "hej grisen" innan han sprang vidare, helt orädd, in till hästarna, hans älskade hästar.

Vi försöker njuta de korta stunderna av lugn. I kväll ska vi fira att vi börjar nedtrappningen av kortisonet i morgon. Och vi ska fira att Leon fått sin tredje av fyra Vincristinsprutor den här omgången. Även om det känns långt kvar till april känns det som vi snart är färdiga med det värsta.

De sista veckornas explosiva tillvaro med tunga behandlingar har på många sätt kastat oss tillbaka till den första tiden, vi känner igen och minns. Det har varit en anspänning. Trötta och slitna är vi, men det är annorlunda nu. Leon mår inte dåligt av leukemin. Framför allt har vi sett honom bli pigg en gång, sett honom bli av med Vincristinsmärtan och få tillbaka sitt humör. Nu känns det inom räckhåll, nu när vi fått grepp om hur medicinerna påverkar Leon. För det är också en anspänning att inte veta hur nya mediciner ska verka, att bara veta att det kan bli farliga biverkningar av dem alla, även om de är skickliga på dosering och kontroller. En pappa som nyligen själv behandlats för cancer konstaterade i dag att som vuxen cancerpatient så får man några olika cellgifter, men barnen med leukemi får gå igenom rubbet, allt som finns, utom några enstaka sorter. Tänk vad dessa små kroppar måste tåla.

Onsdagen den 19 januari 2005

Det strilar ett tungt regn ute och vi har nästan minusgrader. Leon och Stella ser på Totte. Stella vilar efter dagis och Leon vilar efter ett par tallrikar pasta, glass med påfyllning och ostbågar på det. Han äter. Och han är lugn. Det är som himmelriket. Redan i går innan nedtrappningen av kortisonet hade börjat var han mycket lugnare. Och han verkar inte ha ont.

Lördagen den 22 januari 2005

Leon tillbringar den mesta tiden av dagen sittande vid matbordet eller med en skål mat, ostbågar, bananskivor eller godis framför sig i puffen. Det är fascinerande hur hela hans väsen är inställt på mat. Vi går ut och gungar, han är lycklig och vill aldrig sluta gunga, sen tar vi en promenad till bygget och ser om det finns några grävmaskiner och sen säger han: "Leon kanske gå hem. Leon kanske hungrig." "Ska vi gå hem och laga mat?" frågar jag. "Jaa", ropar han lyckligt och börjar gå.

Vi mår så mycket bättre hela familjen när Leon är glad, vill leka och pratar igen, när han inte skriker konstant, dunkar huvudet i golvet eller kastar saker. Man skymtar kortisonhumöret, han svarar rutinmässigt nej på saker och är liksom på väg in i sina utbrott, men han går att avleda. Och när Stella säger "Leon glad igen!" så svarar han ofta med ett ilsket "nej, Leon inte glad,

Leon sessen". Samma svar blir det på "Leon arg": "Nej, Leon inte arg, Leon sessen."

Och ledsen var han i går när vi var på sjukhuset för provtagning. Han visste inte riktigt vad dagen skulle innebära, om han skulle stanna där och få en säng, osäkerheten gjorde honom arg och ledsen, han sprang gråtande in till rummet på dagvården för att få "sova sängen" och förstod inte varför han inte fick sova där. Först när proverna var tagna, stickelådan undersökt och vi hamnat i köket med makaroner och köttbullar med löfte om att gå hem sen, först då var han glad.

Måndagen den 24 januari 2005

Efter fyra månader med sond är Leon fri. Det var ingen tvekan i dag, på en vecka har han gått upp ett kilo. Nu väger han snart 14 kilo och hans mage är rund som en boll. Men det är ju kortisonet, både magen, vikten och aptiten, så det intressanta blir att se vad som händer om en vecka, när han helt slutar med kortison.

Det är inte bara aptiten och vikten som är bra. Leon har gått runt på sjukhuset i dag som en helt annan kille än förut, glad och pratig. Vi har ätit många gånger i matsalen. Jag fick tvinga honom att sova middag. Det hade han ingen lust med, men så fort han gav upp kampen om att inte ligga ner så slocknade han direkt och sov en timme. Vaknade hungrig med rosiga kinder och på gott humör.

Leons värden i dag var nästan skrämmande bra. Vi som vant oss vid att han har låga värden och vid att hans vita blodkroppar ska tryckas ner fick skrämselhicka av att hans vita blodkroppar nu ligger på ett fullständigt normalt och friskt värde. Men sköterskorna lugnade oss med att det kan vara så, att alla barn reagerar så olika, att vi inte ska vara oroliga.

Torsdagen den 27 januari 2005

Dagisdagar. Leon har varit på dagis i veckan ett par timmar i samband med att vi lämnat Stella. Och han älskar det. Leker lyckligt med allt och pratar lyckligt på samlingen, inte alls blyg. Stella är också glad och stolt över att Leon är där, men hon blir något mer svartsjuk. Trots att hon förstår att Leon är sjuk och "måste till sjukhuset" som vi säger till henne så är det jobbigt för henne när vi går hem, och hon är argare än vanligt på kvällen. Så i går tog jag Stella på egen utflykt på stan, köpte skor, gick på biblioteket och åt glass på ett kafé. Det var succé och hon var så nöjd och glad på kvällen.

Annars har vi lite snö och ljust och soligt. Barnen på dagis åker pulka på det snöpudertäckta gräset. Agnes åker skridskor i ishallen med skolan och tänker inte släppa taget om sargen för man kan ramla och förlora fingrarna om någon åker på en, det har fröken sagt. Skånska barn blir inga vinterbarn.

Vi drömmer om ett hus, om att kunna släppa ut barnen i en trädgård i sommar.

Måndagen den 31 januari 2005

Solen skiner, Leon sover middag. Vardag igen efter en helg med städning och 4H-gårdsbesök. Leon har varit på sjukhuset. Skillnaden mot för bara en vecka sen är överväldigande. En solig Leon, utan sond och med rosiga kinder, promenerar in på sjukhuset. Vi tar hissen upp, småpratar, kommer till dagvården där han kollar in lekhörnan innan det är hans tur. Han går in i behandlingsrummet, sitter i mitt knä på britsen och sträcker fram sin hand. "Aj", säger han. Underläppen darrar lite, men han sitter lugnt och låter sköterskan klämma ut dropparna som ska i rören. När det är färdigt skiner han som en sol igen, springer ut, väljer en bil i stickelådan, springer för att titta på fiskarna innan vi ska hem. Han är så glad att han dansar runt, trippar på tårna, vi ska hem. En liten skara av glada sköterskor försöker få kontakt med honom. Han visar stolt upp sin bil.

Sista kortisontabletten och nu en veckas paus från mediciner.

Tisdagen den 1 februari 2005

Mitt i den glada pigga tiden drabbas Leon av ett helt vanligt dagisvirus. I eftermiddags hade han 39 graders feber. Efter telefonkontakt med avdelningen fick vi order att komma in direkt. En feberrosig Leon traskade in på avdelningen. Jag var säker på att det var fel, att vi skulle hem igen. Och så blev det, men först efter blodprover, läkarundersökning och lungröntgen. Till slut var han väldigt trött. Vi väntade bara på räkningen av de neutrofila vita blodkropparna. Han vilade i sängen, såg på *Teletubbies* och sen fick vi beskedet att han hade bra värden och kunde få åka hem igen, framåt tiotiden. Med feber. Så nu är det fortsatt telefonkontakt som gäller. Han ska helst inte bli sjukare. Men vi är hemma.

Annars var det en trevlig kväll på avdelningen. Leon kammade hem en häst från stickelådan. På lungröntgen fick han både en liten pingvin och en tapperhetsmedalj att fästa på overallen. Hans kompis Kyle var där för behandling och det var också kul, även om Leon inte fick leka i lekrummet för att inte smitta ner andra barn. Tur i oturen att vår vän Åsa var hos oss i kväll för att laga mat, så skönt att ha den hjälpen just då. Och i morgon kommer min vän Anna-Lena farande ända från Umeå och lyckas pricka in två sjuka barn, för Stella har förstås också fått dagisviruset.

Fredagen den 4 februari 2005

Febern släppte och Leon är snorig men energisk och glad. Det är också Stella. De njuter av att ha varandra. Det har varit några bra dagar, inte minst för att Anna-Lena har blivit kompis med barnen, lekt med dem, avlastat oss och på något mirakulöst vis lyckats hinna städa och laga mat också. Jag och Micke har fått sovmornar och fått en eftermiddagsöl på krogen alldeles själva. Det har känts svårt att lämna bort alla barnen till barnvakt och när Leon varit sjukare har vi inte klarat det alls, även om vi haft vänner och familj som erbjudit sig att rycka in.

I höstas var sömnen ett mardrömskapitel. Förutom nervositeten och rädslan som gjorde sömnen svår var det mediciner som skulle ges med jämna intervall även på natten och det var sonden som pep med jämna mellanrum för att slangen kom ikläm. Leon sov oroligt. Stella vaknade alltid någon gång. Agnes kom in till oss efter någon mardröm. Sömnbristen var monumental. Men jag behöver inte ställa klockan längre för att sköta sond eller medicin. Båda de små har på sistone sovit hela natten fram till sex, utom enstaka uppvaknanden. De växer.

På måndag ska Leon först sövas och få Metotrexat, därefter får han Cyclofosfamid med efterdropp i åtta timmar. Det blir en lång dag.

Måndagen den 7 februari 2005

Kvart i åtta på morgonen satte vi oss i bilen. Agnes hade tagit ledigt från skolan för att få vara med Leon en hel dag. Leon var inte glad över att inte få sina två frukostar som han brukar och tänkte mest på mat, frukost och makaroner hela morgonen. Han hade inte ätit sen sju kvällen innan, var matt och hungrig och blev lätt ledsen. Det var inte vredesutbrott han fick i dag, i stället kastade han plötsligt i väg de saker han höll i, underläppen darrade och han slängde sig i min famn och ville bli buren, tyst och tagen. Ändå gick allt bra, han fick nål i port-a-cathen, han väntade på rummet på dagvården, vilade i sängen och såg på film. När det var dags att åka säng upp till dagkirurgin var han tyst och koncentrerad, på operationsrummet ville han sitta i min famn och somna. Det känns så annorlunda när det är så tydligt att han vet att han ska sova, han pratar om det och när man pratar efteråt om vad han gjort på sjukhuset säger han att han sovit och lekt.

Agnes var med hela tiden på uppvaket, laddad med Kalle Anka-pocketar. De fortsätter söva honom på uppvaket men i allt kortare pass. Än så länge vaknar han på gott humör, så det fungerar kanske snart att låta honom få ett helt normalt uppvaknande, utan extra sömnmedel. På uppvaket fick han också fördropp inför behandlingen för att kroppen skulle klara Cyclofosfamiden bättre. Han fick Kytril mot illamående och en extra medicin som ska skydda urinblåsan, den fick han sen var fjärde timme hela dagen. När han kom ner från uppvaket fick han sin Cyclo och därefter ett åttatimmarsdropp med extra vätska. Innan han åkte hem fick han en dos Lanvis som han ska ta varje kväll under den här tvåveckorsperioden.

Dagen på sjukhuset förflöt som den brukar, något mer stillsam lek än vanligt, pyssel, duplo, bondgårdsdjur och film. Inte fullt så mycket rastlöst springande med oss och droppställningen i flygande fläng efter. Efter dagis kom Stella upp och lekte ett tag, innan jag tog en tur med henne till Apoteket och stan. Mat på McDonalds med en lycklig liten tjej innan vi kom hem och hon stupade i säng. Leon kom hem strax före nio med Micke och Agnes, som orkat hela dagen men tog slut när hon kom hem. Leon marscherade lyckligt in, glatt pratande, hungrig på fil och macka.

Efter en sådan här långdag verkar nästan Leon vara piggast, hur det nu kommer sig. Alla andra i familjen är helt utmattade. Ändå var det okej att vara där i dag. Vi kände många familjer och det är skönt att prata med de andra föräldrarna. Samtidigt blir man full av tankar på alla de andra barnen, inte minst på de som det går mindre bra för.

Alla som träffar Leon pratar med oss om hur fantastiskt pigg han ser ut på alla sätt och vad härligt det är att det går bra. Efter en dag av sådana kommentarer får jag bara lust att dra täcket över huvudet och gråta.

Torsdagen den 10 februari 2005

Leon och Stella sjunger och pratar i sovrummet. Agnes läser. I kväll var jag i väg själv, på återsamling för alla skribenter till vår antologi *Mediekulturer*. Men mitt i maten, mitt i vinet, mitt i samtalet, ringde Agnes med gråt i rösten på min mobil som jag låtit vara på trots att jag funderat på att koppla bort och stänga av. "Stella är på sjukhuset med pappa för hon har ätit Leons medicin och Leon har inte fått sin än och Ella är här." Jag blev inte jätterädd, Leon äter ju en sådan tablett Lanvis varje dag förutom alla andra cellgifter han får och vi åker inte direkt in till barnakuten med honom varje kväll. Men det är klart att sjukhuset vill vara på den säkra sidan. Jag instruerade Ella per telefon, sa hej till alla på festen och cyklade hem.

Efter någon timme kom Stella glad och kvittrande hem och visade sin nyförvärvade nalle med krona. Frågan är om det där akutbesöket verkligen hade avskräckande verkan på henne. Jag vet inte hur många gånger vi räddat henne från just det här, från att suga i sig sprutan med Leons medicin som han just ska ta. Stella älskar mediciner. På sjukhuset var hon som ett ljus, lät doktorn undersöka henne och när de gick för att hämta medicin sa hon glädjestrålande: "Stella få egen medicin." En hel mugg med en grå sörja, medicinskt kol, och hon kämpade målmedvetet och stolt i sig allt utan ett knyst. Och sen fick hon en nalle. Och eftersom allt gick så bra och Stella kvittrade på fick de åka hem, med instruktionen till oss att ha koll på henne närmsta dygnet. Så i morgon får hon vara hemma och följa med på lekterapin. En av Leons doktorer hade förresten bakjour, men Stella protesterade mot den beskrivningen: "Stellas och Leons tillsammans doktor", förklarade hon.

Och annars så har veckan varit bra, Stella har trivts på dagis men Leon har varit tröttare, ätit sämre, suttit i knät mer och bleknat något. I dag var vi hos Leons kompis Kyle och lekte och killarna var glada att se varandra igen. I morgon blir det behandling med Cytosar och nya prover.

Leon har inte så mycket hår kvar nu. Det lilla han fick under förra fasen började trilla för ett par veckor sen. Men vi har vant oss vid att se honom så här. Själv är han fascinerad över alla andras hår, vill gärna känna.

Söndagen den 13 februari 2005

Nu börjar det märkas på Leon att hans värden sjunker och han bleknar alltmer. Ändå är han fortfarande pigg, leker och sjunger. Trots allt har den här perioden gått mycket bättre än vi fruktat och till skillnad mot de tidigare vändorna med Cytosar har han inte behövt extra Kytril mot illamående. Han säger ibland att han kräks, men det gör han inte, han verkar inte må så illa. Han hoppar i sängen, i soffan, leker koja och blir utklädd av Agnes.

Med Stella är det bra, det märks ingenting av hennes förgiftningstillbud.

Vi tänker mycket på den familj som miste sin lille kille i onsdags. Han fick återfall på sin leukemi. Det gör ont att tänka på deras smärta.

Måndagen den 14 februari 2005

Provtagning och besök hos tandhygienisten. Leon var inte glad, slapp öppna munnen men fick åka därifrån med tre tandborstar, en till sig och två till systrarna. Med borstarna i högsta hugg åkte han vagn genom kulvertarna, blev lite rädd för men otroligt fascinerad av matvagnståget som kom farande i hög fart. Väl framme på dagvården fick han ta blodprov och var helt lugn, såg intresserat på blodet som droppade ner i rören. I dag var Hb 110, trots att han känns blek, hans trombocyter är på väg ner men framför allt är de vita låga: 1,1. De neutrofila ligger på 0,5, precis på gränsen för att få fortsätta behandlingen. Det innebär att behandlingen kör på i morgon, men att han redan före behandlingen är infektionskänslig.

Torsdagen den 17 februari 2005

Vi har gjort 23 veckor snart, snart bara två år kvar.

Leon och Stella var införstådda med läget: Stella på dagis, Leon till "sjuket". In i bilen, parkera på vändplan vid dagis, in på dagis, ut igen, vinka till Stella, in i bilen, upp till "sjuket", hitta parkering, "Leon gå själv" i två meter, sen "åka vagn", "åka hiss", ett sjukliv med rutiner, en tvååring som talar vant om sin port-a-cath. I dag skulle vi till Kyle direkt efter sjukhuset, och Leon var ivrig: "få sin, sen Kyle". Han försökte springa in i det upptagna behandlingsrummet direkt, satt senare som ett ljus på britsen, ropade "färdigt" och vi åkte till Kyle, där pojkarna lekte lugnt och nöjt.

Det känns som om läget är ganska stabilt. Även om aptiten är skral, så äter han, särskilt på kvällen.

Måndagar är den vanliga provtagningsdagen när man är på dagvården, och jag har försökt vänja mig själv vid att inte ha kontroll över hans värden hela tiden, har försökt låta bli att be om extra prov i slutet av veckan. Men det är svårt att släppa kontrollen. Ansvaret ligger mer på oss nu att se när något inte är bra, när han verkar ha lågt Hb eller när något annat är konstigt. De träffar ju bara Leon korta stunder. Det känns svårt att börja lita på att det är bra, på att vi själva kan avgöra att det är bra. Det har kanske också att göra med att vi inte förstod att det var leukemi förrän han var riktigt sjuk. Man blir rädd att missa något mera. Som oron för Stella: när hon är trött och gnällig på kvällarna kommer tankarna. I kväll blödde hon näsblod, och hon har ju faktiskt ett par blåmärken, och sannolikheten att man får två barn med leukemi måste ju ändå vara minimal men tankarna kommer ändå, tränger sig på.

Vi drömmer om hus. Vi pratade i dag om att när man lever så intensivt sjukhusliv under så lång tid så blir man som förälder på något sätt institutionaliserad. Man blir en anhörig, en förälder till ett sjukt barn, får en ny personlighet präglad av sjukhuset som är en så stor del av vardagen. Det blir extra viktigt med allt som drar en åt ett annat håll, ut i livet, får en att tänka framåt.

Söndagen den 20 februari 2005

Leon pratar. Det är som utvecklingen tar ett språng efter höstens tunnel av sjukliv. Stella har ju pratat mycket och länge, hon för långa resonemang. Men det är så härligt att höra nu hur Leon hänger på, hur de börjar diskutera med varandra, pratar om vad de ska göra, leker låtsaslekar med dockor och djur. Deras slagsmål har utvecklats till arga eller gråtande diskussioner:

"Stella inte slå Leon! Leon ledsen!"

"Stella också ledsen, nu blir Stella jätteledsen och jättearg."

Inte för att de lyckas lösa konflikterna själva, men det är ett steg på vägen.

Leon är glad men väldigt mammig. Han är blekare, har haft lätt att blöda i tandköttet, haft näsblod, men inte så att vi tyckt oss behöva kontakta sjukhuset. Hans värden är alltså låga. Läkaren på dagvården tyckte inte vi behövde komma in för provtagning förrän inför nästa behandling om två veckor, om vi inte själva var oroliga. Jag funderar på att åka in i morgon i alla fall. Det är svårt att ta honom till dagis om man inte vet att värdena är okej. En dagismamma ringde i kväll för att varna för smittor, deras dotter hade varit så magsjuk i helgen att hon blev inlagd för att vätskas upp igen.

Men smitta har vi också hemma. Micke har insjuknat i 40 graders feber och legat i frossa med huvudvärk hela dagen.

Mitt i allt stannar vi upp och bara ser på vår bleke son. Så harmonisk. Han lyssnar och frågar "va e de?", han äter, han leker, hoppar, pratar. Han vågade inte tro på att han ska få vara på dagis i veckan. "Stella gå dagis, Leon gå sjuket" är fortfarande normalen. Så när jag sa att han kanske skulle få åka till sjukhuset och ta stick i fingret i morgon, så var han helt tillfreds och konstaterade lyckligt: "Slangen borta, nålen port-a-cathen borta."

Måndagen den 21 februari 2005

Leons värden är sämre än de varit sen i september: Hb 81, vita 1,0, neutrofila <0,1. På dagis går det magsjuka, så Stella får inte gå nu. Leon ska in för nya prover senare i veckan, för att se om han behöver blod. Förhoppningsvis vänder det nu.

Onsdagen den 23 februari 2005

Leon sover bredvid mig. Han har sovit mest hela dagen. Vaknade i morse med 39,1. Och vi åkte in för en dag av prover och röntgen. Hans värden hade hämtat sig snabbare än de trodde, så de avvaktar med antibiotika. Nu väntar vi på röntgenresultatet och sen ska läkaren ta ett beslut. Det lutar mot att vi är kvar till i morgon och ser hur det utvecklas. Han har också haft blod i urinen, men proverna visade inget. Han har fått blod, eftersom Hb var nere på 78. Nu är kinderna röda av febern igen. På röntgen låg han exemplariskt stilla med rödkantade ögon, ledsen men helt med på hur man gör.

Där hemma tar hela familjen det lugnt och tillfrisknar.

Torsdagen den 24 februari 2005

Röntgenresultatet var bra, förutom någon liten förändring som kunde vara virus. Men i natt steg Leons feber till 39,8. Själv hade jag frossa hela natten och är sjuk. Stella vaknade med 40 graders feber. Något slags influensa. Nu är frågan vad som ska ske för Leons del. De talade om att hålla kvar oss tills Leon säkert är på väg att bli bra, kanske flytta oss till 61:an, infektion, för att inte smitta ner barn här på avdelningen. Det var jobbigt med många olika bud i dag, alla läkare sa olika saker. Men till slut fick han åka hem på permission.

Leon själv är arg och rastlös, har svårt att få något i sig. Några klunkar äppeljuice är allt, det mesta är "dumma".

Och Agnes har varit med morfar och Nora i Köpenhamn.

Lördagen den 26 februari 2005

Influensan härjar vidare, men jag är på benen igen. I går hade Leon runt 38 i feber, men proverna på sjukhuset visade att CRP, sänkan, stigit till 20. Alltså skulle han tillbaka i dag. Han vaknade med 39,5, matt i blicken. Efter frukost åkte Micke och Leon in, rustade för att stanna ett tag. Vi tänkte att nu hade kanske lunginflammationen kommit till slut. Men proverna var bättre så Leon kom oförhappandes hem igen. Nya prover på måndag om han inte blir mycket sämre eller får svårt att äta och dricka.

Det är en tuff match för Leons immunförsvar att kämpa mot influensa. Febern som inte ger sig kastar oss tillbaka i minnet till den första tiden när han blev sjuk. Så mycket som hänt sen dess. Då sa andra föräldrar på sjukhuset till oss att till slut blir det en vardag det här också. Och det har det blivit. En vardag med mycket oro, också en vardag med så mycket närhet och kärlek.

Och i morse tågade mina ivriga barn in och sjöng för mig. Bara att höra tre sjungande barnröster var en present att leva länge på.

Måndagen den 28 februari 2005

Snön vräker ner därute, Agnes har haft sin första dag i skolan efter lovet och verkade nöjd i telefon från fritidsklubben. Stellas feber var hög i morse för femte dagen i rad men den har sjunkit under dagen. Leons feber gick ner och han åkte in för nya prover. Läkaren som undersökte honom ville ta en till lungröntgen för att vara på den säkra sidan. Så det blev en heldag på avdelningen som tyvärr var fullbelagd så Leon fick vara i lekrummet hela dagen. Det är inte det roligaste, även om det är roligt en stund, för lekrummet är litet och Leon behöver få skärma av och vila i en säng ibland. Han fick sova middag på soffan, men med andra barn som kom och gick blev det bara en kort stund. Beskedet från röntgen dröjde och väntan i lekrummet blev så lång att de till slut fick åka hem vid fyratiden. Leon äter dåligt på sjukhuset och behövde få något i sig.

Nu väntar vi på lungröntgenresultatet hemma. När Leon kom hem hade febern stigit. Eftersom hans värden åkt neråt igen kände jag att jag måste ringa in och berätta det, fast vi verkligen fruktar att de ska säga att "det är bäst att han kommer in i alla fall".

Det är tröttsamt: vi går in i Leons andra behandlingsfria vecka och i morgon behöver vi åka tillbaka till sjukhuset för mera prover. Men mitt i allt är han riktigt pigg. Nyss: Leon stod och bläddrade i *Min skattkammare* och Stella ville byta sida. "Det måste vara rätt", protesterade Leon. "Neej, det måste inte vara rätt", svarade Stella.

Tisdagen den 1 mars 2005

I går fick Leon och Micke ändå åka in igen på kvällen för fler prover. Återigen packade vi för långvistelse. Hans värden var för låga för att riskera något när febern var uppe igen. Men ännu en gång hade Leons temp sjunkit drastiskt när de kom upp. Så framåt tiotiden på kvällen kom de hem igen vid gott mod. Men Leons vita blodkroppar hade sjunkit ytterligare och är nu är nere under den kritiska gränsen. Vi fick åka upp igen i dag, nya prover och samtal med läkaren. Det går inte att slappna av än.

Onsdagen den 2 mars 2005

Det verkar äntligen vara på väg att ge sig: Leon har varit feberfri och glad men Stella har fortfarande lite feber och är trött. "Stella orkar inte leka mer", sa hon redan vid sextiden i kväll och bad att få sova. I morgon blir det nya prover för Leon.

Fredagen den 4 mars 2005

Leon tog prover i går. Värdena har fortsatt gå ner. Det är en anspänning att gå runt och känna hur han hela tiden balanserar på gränsen.

Både Leon och Stella är hemma och på bra humör, mycket lek och mycket gos. Leon har fått ett stort närhetsbehov på sistone, vill sitta i knät, vara bebis, gosa. På natten vill han ligga alldeles intill och vägrar att sova i sin säng, det kvittar hur djupt han sover, han vaknar så fort man försöker maka på honom och han protesterar direkt: "Nej, Leon sova mammas kudde." Det är mysigt men det vore skönt om han kunde bli den där lättsövda pojken igen som trivdes bra i egen säng. Stella trivs bäst i sin säng, men ibland vill hon för rättvisans skull sova hos oss. Det går så där, så till slut ber hon om att få komma tillbaka till sin säng.

Leon "älskar" så mycket nu. Framför allt handlar det om djuren: "Leon älskar hästarna. Leon älskar fåren." Men han har förstått att han kan säga det också till oss och han smakar liksom på ordet så försiktigt.

På söndag ska Leon in och ta nya prover. Hans behandlingsstart på måndag är i fara och det känns oroligt.

Och vi har blivit med hus. Sannolikt blir vi radhusägare redan under nästa vecka, på papper och allt!

Lördagen den 5 mars 2005

Och så fick Micke och Leon ge sig i väg i taxi i natt ändå. Tempen visade 39,6. Vi tog upp Leon, som legat vaken och inte kunnat sova, packade, ringde sjukhuset, tog tempen igen med samma resultat. Lite gnällig pojke men mycket lugn, rödrosiga kinder. Nu ska jag snart hämta hem dem igen. Leons feber var nere på 38,2 när han kom till avdelningen, hans värden ser okej ut men han blev kvar för observation. Det känns frustrerande att inte veta varför det blir så här, teorin nu är att det handlar om efterhängsna virus. Han har fått göra lungröntgen (all strålning han utsätts för) och den såg bra ut. Nu har han permission igen, tillbaka på måndag morgon inför eventuell behandling. Förutsättningen är att han är feberfri i 24 timmar före behandlingsstart. Om han får mer feber måste vi in igen.

Söndagen den 6 mars 2005

Jag önskar jag kunde skriva att allt är bra och att behandlingen kan fortskrida som vanligt i morgon. Men så är det inte. Läget är oklart. Det som är klart är att Leon är hemma, trots att han haft 39 graders feber under eftermiddagen och kvällen. Efter alla turer fram och tillbaka och tempen som varit hög hemma och låg när vi kommit in så bestämde vi oss för att reda ut det här en gång för alla. Med fyra olika tempar, egna och lånade och olika varianter kom vi ändå till det dystra resultatet att tempen låg någonstans mellan 38,7 och 39,2. De skrattade på sjukhuset när jag berättade det, men den här svängande febern gör oss desperata. Jourläkaren tyckte att vi skulle avvakta och bedöma allmäntillståndet. Så länge han inte blir markant sämre kan vi vänta och komma in som planerat i morgon. Men vi ska inte till dagvården för behandling utan till avdelningen, för bedömning och virusprovtagning. Något beslut om morgondagens behandling tas inte förrän då och vi ska förbereda Leon för sövning och åka in tidigt. Gissar att det kanske ändå kan blir behandling om han är feberfri. Men läkaren vill diskutera det med sina kolleger först.

Vi gör faktiskt annat än tar tempen: vi har hunnit en runda till 4H-gården och en sväng till ankorna i Östervångskolans park.

Måndagen den 7 mars 2005

Några snabba rader medan middagen till tjejerna står på spisen. Febern fortsatte härja under natten men Leon vaknade feberfri. Läkarna bedömde det som viktigast att behandlingen får fortgå och Leon har varit sövd och får just nu behandling på avdelningen. Eftersom han har något i kroppen är han inlagd så de kan ha koll på honom. Men hade behandlingen bara kommit i gång i tid så hade han fått åka hem i kväll. Nu föll behandlingen mellan stolarna, mellan dagvården och avdelningen och beställningen av cellgift gjordes för sent, så det blir inte färdigt förrän vid elvatiden i kväll. Troligen sover jag och Leon där, vi ska ändå upp för injektion i morgon bitti.

Tisdagen den 8 mars 2005

Leon är nästan grå i ansiktet, trött och utan aptit. Men det hade varit jobbigt om de hade skjutit på behandlingen, jobbiga tankar, rädsla för återfall.

I går en lugn och glad kväll på sjukhuset, Leon somnade nöjd efter en stunds mys och Pettsonfilm. Jag somnade klubbad vid halv elva, vaknade bara till när sköterskan kom in och stängde av droppet. Sen sov vi nästan i ett sträck fram till halv åtta. Leon var feberfri och efter en injektion Kytril mot illamående och Cytosar fick vi åka hem. Men i dag har han varit helt utan aptit, han har druckit lite välling men bara ätit några chips på kvällen.

På kvällen upptäckte vi – tadam! – att Leon hade 39,4 i feber. Snabb tur upp till avdelningen för nya blodprover. Men allt är okej, värdena är på väg ner men ingen fara på taket.

Det är svårt att tänka positivt när tankarna på sepsis (bakterier i blodet) och lunginflammation ligger och lurar. Det är tur ändå att han inte har konstant feber, för det innebär att vi i alla fall kan göra saker, gå ut med Leon, inte bara sitta inne i en sjukbubbla.

Onsdagen den 9 mars 2005

Leon vaknade med 40,2. Efter en tur till dagis med Stella for vi upp för att se vad proverna och dagen skulle innebära. Leon blev grundligt undersökt av läkare och de tog nya prover. Vi fick rummet på dagvården för oss själva. Nu sitter det lappar uppe överallt på avdelningen om influensafall. Leons virus- och influensaprover har dock inte gett några tydliga besked. I dag gick läkarna igenom Leons situation både framlänges och baklänges och kom fram till att han ändå måste fortsätta sin behandling, inte minst för att han hade en skakig start och svarade långsamt på behandlingen. Det är hela tiden en avvägning av vad hans kropp orkar med. Bedömningen hittills är att det ska fungera, men han kommer att fortsätta ta prover och bevakas tills febern har gett sig. Han har öroninflammation och har fått Kåvepenin och för säkerhets skull får han också Tamiflu, den nya influensamedicinen.

Det är en otroligt påfrestande tid. Leon var hängig i dag och fick dropp under dagen. Han låg ihopkrupen i sängen och orkade knappt se på film. Febern höll i sig. Vi fick ta med honom hem över natten, och hemma piggnade han till en stund, åt lite glass och lekte. I morgon mera behandling och kanske blod: hans Hb låg på 81 i dag vilket också förklarar att han känt sig hängig. Det har sjunkit snabbt, men alla andra värden är bra.

Jag har pratat med läkarna om att det känns så tungt också för att det var så här hans leukemi började, med hög feber som aldrig gav sig. Naturligtvis spökar tanken på återfall, och det var skönt att få försäkrat att ett återfall ser de i blodproverna. Det finns inte minsta tillstymmelse till tecken på det i Leons prover. Om febern fortsätter länge kommer de att ta ett benmärgsprov för att utesluta möjligheten, men inget tyder på det.

Torsdagen den 10 mars 2005

Leon vaknade feberfri. Vi åkte upp för behandling med Cytosar, hans Hb var nere på 78, så han fick en påse blod. Vi sov båda två medan blodet tickade in och han vaknade som en helt annan kille, rödkindad och glad. Han har varit på dagis och hämtat Stella, lekt och hoppat och storögt tittat på barnen. Hemma har barnen skrattat och lekt, klättrat runt i soffan. Och Leon har ätit kvällsmat. Måtte det nu vara slut med feber. Kanske kan vi få ett helt normalt besök på sjukhuset i morgon, snabbt in för injektion med Cytosar, bort med nålen i port-a-cathen och sen hem igen.

Lördagen den 12 mars 2005

Det verkar bli en tuff helg. I går hade Leon en lycklig dag, men i dag var allt annorlunda. Han var matt och illamående redan när han vaknade. Han har fått problem med att ta Kåvepenin. Det kan ju vem som helst ha men Leon mår illa redan av behandlingen, och både Kåvepenin och Tamiflu kan ge illamående som biverkning. Hans mage fungerar inte, och han kräks så fort han får Kåvepenin i munnen. Men Lanvistabletten, cellgiftet, upplöst i vatten går bra. Han konstaterar varje gång att det bara är vatten.

Under dagen har han legat i soffan, knappt velat röra sig och inte alls varit sig själv. Det senaste dygnet har vi lyckats få i honom enstaka munnar med välling eller juice. När det var dags för Kåvepenin var det stopp, han kräktes varje gång tills han inte hade något kvar. Vi fick ringa sjukhuset. Han måste ju ha något i sig och vårt penicillin var slut hemma. Trots att vi är rätt säkra på att det inte är magsjuka ville läkaren ta det säkra före det osäkra och bad oss åka med Leon till akuten där en läkare skulle avgöra om han skulle läggas in på avdelning 64 (Leons avdelning) eller 61 (infektion). Att han skulle läggas in var det ingen tvekan om.

På akuten hamnade Micke och Leon på isolerat rum och läkaren försvann i väg till förlossningen i timmar. Leon fick varken medicin eller något dropp. Kanske var det bara praxis som gjorde att han måste till akuten först, kanske är de extra försiktiga nu när de redan har så mycket influensa på avdelningen och barn i isolering, men det kändes så onödigt. Vi har inget tålamod nu, det räcker som det är. Vid 22:30-tiden fick han träffa en doktor inne på ett behandlingsrum på infektionsavdelningen bara för att få veta att det troligtvis inte alls var magsjuka utan att de skulle leta efter ett rum på Leons egen avdelning, 64. Då kan Leon få sitt penicillin intravenöst och få dropp under natten så att han inte blir uttorkad.

Leon smalnar. Först influensan eller vad det nu var (testerna på influensa var negativa) och problemen att äta med hög feber i kroppen. Sen den tuffa behandlingen som brukar göra honom illamående och få honom att tappa aptiten. Och så penicillin på det som förstör magen ännu mer. I kväll slår oron sina klor i oss och ilskan över att han ska ha det så här värker i kroppen. Allt kommer närmare, tankarna på att det kanske inte går. Samtidigt försöker vi hålla i minnet att det här är en tuff fas, att den också kallas "reinduktion" för att den är en upprepning av den första tidens behandling. Vi visste att det skulle bli tyngre igen. Och det är bara en enda tung behandlingsvecka kvar nu innan han får två veckors paus.

Måndagen den 14 mars 2005

Nu är vi på gränsen. Fast det vet vi ju, att gränsen flyttas hela tiden.

I går bestämde läkaren att Leon ändå skulle flytta över till 61:an, infektion, för säkerhets skull. Men han fick komma hem en stund först på eftermiddagen. Hemma blev han allt tröttare. Han ville dricka lite saft och lite välling, men en stund senare kräktes han igen. Han protesterade inte emot att behöva åka upp.

Vi fick ett isoleringsrum på infektionsavdelningen. Leon sov ganska bra, vred sig och svalde ibland men klarade natten utan kräkningar. I morse var han piggare och åt lite frukost. Läkaren tittade på honom och sa att vi skulle vara kvar där nu – slut med hattande mellan hemmet och sjukhuset. Leon ska vätskas upp ordentligt med dropp. Läkaren sa också att om det fortsätter strula så här blir det ett benmärgsprov i slutet av veckan så att de kan utesluta återfall.

Just nu känns det svårt. Leons värden är under gränsen vilket betyder att han inte borde få behandling i morgon, men när jag mötte Thomas, en läkare som vi haft mycket kontakt med om Leon, så lät det som om de inte heller nu vill låta Leon slippa veckans Cytosarsprutor. Det får mig att förstå att de verkligen är oroliga och det suger till i magen. Samtidigt gör det mig rädd – om han får behandling nu, hur svag ska han bli?

Men så kom jag till dagis och det första jag fick se var en Stella som kräktes massor. Helt apropå, efter en glad dag. Hemma har hon kräkts 13 gånger i kväll och kan inte behålla ens vätskeersättningen jag ger henne. Jag ser framför mig hur jag måste åka upp också med henne till akuten för att hon behöver vätskas upp. Och Agnes börjar klaga på illamående. Mitt i allt är det en möjlig förklaring till Leons magåkomma, och alla förklaringar gör oss lättade, det är det oförklarliga som skrämmer.

Tisdagen den 15 mars 2005

Leon är trött och matt men verkar inte må illa längre. Inga svar än på magproverna, men Stella tycks ju ha vinterkräksjuka. Jag kan inte minnas att jag varit med om en så aggressiv variant. Leon får fortsatt dropp, och han får sin Cytosarbehandling. I morgon ska han ta ett extra benmärgsprov, någon gång under förmiddagen, för läkarnas och för vår skull, så att vi förhoppningsvis kan få avskriva tankarna på återfall.

Vi är instängda på var sitt håll. Jag vågar inte vara hos Leon i dag, vill vänta och se om Stella har smittat mig. Agnes vågar inte gå till skolan om hon skulle bli plötsligt sjuk. Och där uppe på sjukhuset sitter Micke. Vi får ordna någon som kan åka dit med grejer till honom.

Torsdagen den 17 mars 2005

Benmärgsprovet är bra! Spinalvätskan är ren. Efter ett dygn med väntan på svar känner jag mig både helt tom och alldeles proppfull av känslor.

I går fick Leon vänta hela dagen på att få komma upp till operation. Först vid fyratiden kom han upp och eftersom han är isolerad gällde särskilda regler. Vi fick inte sitta vid hans sida på uppvaket utan fick vänta på rummet på att de skulle komma ner med honom. Jag satt och kämpade med gråten och föreställde mig hur han vaknade alldeles ensam med en främmande människa. Men när de kom ner sov han, han hade vaknat till och somnat om. Det är mycket specialregler när man är isolerad. I dag fick han göra lungröntgen på rummet, de kom med en röntgenapparat på hjul.

Väntan på besked var outhärdlig. Och Leon fick feber i går kväll, prover togs och penicillin sattes in, intravenöst, omedelbart. Han hade ju bara 0,1 i leukocyter, de vita som bekämpar virus, och mindre än så i neutrofila. Han hade inget immunförsvar alls, i princip. Och han har fått så ont. Ont i benen, fötterna, ryggen, och framför allt ont i rumpan. Han får dropp och snart blir det sondnäring igen om det inte blir bättre. Det är svårt att äta när man har för ont för att ens sitta upp. Kroppen är så stel som den var när han hade Vincristinsmärtor i höstas. Han ligger. Han gråter till ofta.

Jag har haft två långa samtal med läkaren i dag, den läkare vi hade de två första veckorna av Leons sjukdom och som vi känner ett speciellt förtroende för. Det kändes skönt. Det är så komplext att veta vad det egentligen är som plågar Leon. Inga virusprover har visat något, lungröntgen och snabbsänka visar inget. Teorin är att han kämpar med virus, och att han känner av biverkningar av Cytosar, det cellgift han får sista gången för den här tvåveckorsperioden i morgon. Cytosar kan ge influensakänningar, värk i kroppen och feber. Han har inte varit så plågad förut, men det är oberäkneligt med dessa cellgifter. Vad som gör ont i rumpan är oklart, kanske behöver han något slags bulkmedel, men man kan inte ge honom det eftersom han har för låga värden. Sprickor i tarmen skulle kunna ge en otäck blodförgiftning. Det känns som att famla i mörkret, men förhoppningsvis ska detta ge sig snart. Penicillinet tas bort när febern gått ner och blododlingssvaret har kommit. Leon kan komma hem så fort han är pigg nog. Men det är han inte nu.

Det är en berg-och-dalbana. Det krävs så lite för att vi ska hamna i känslor av förtvivlan och rädsla igen, så lite för att vi ska börja föreställa oss det besked vi inte vill höra. Vi har ju hört det en gång, i höstas när vi först fick veta att det inte gick och dagen därpå att det i alla fall gick. Och precis som läkaren förutsade så bär vi det med oss. De tar ett nytt benmärgsprov och vi ser åter framför oss hur de kommer in med det där beskedet, den förtvivlan vi kände då är så obevekligt nära.

Lördagen den 19 mars 2005

Snart 28 veckor, dag 195. I snart en månad har Leon kämpat med virus av olika slag samtidigt som han fått intensiv cellgiftsbehandling. I en vecka nu har han varit isolerad på avdelning 61 och vi vet inte hur länge han måste vara kvar. Vi har varit vid avgrundens brant och vänt igen. Vi är lyckliga över det positiva benmärgsprovet. Men vi är så slitna nu att vi bara vill sjunka ihop i en hög – och så finns det tvätt att tvätta, ett hem som knappt städats på en månad, mat som ska lagas, barn som behöver oss och en husaffär som ska avslutas. Det känns inte möjligt, men det måste gå.

I går fick Leon några timmars permission från avdelningen. Han hade haft en jobbig förmiddag med stora smärtor, men när han kom hem vaknade han till och började gå, plötsligt fylldes blöja efter blöja. Han piggnade till och smärtan försvann. Nu, tänkte vi, nu vänder det.

Men han har ännu låga värden. Några neutrofila vita blodkroppar finns inte, hans Hb är 86 och trombocyterna har stigit till 57. Läkaren hade munskydd på sig när hon kom in i dag, jag trodde det var för att inte få Leons virus, men det var för Leons skull. Gula rockar och handskar. Personalen klär på sig i den sluss som finns in till Leons rum. Och i dag fick Leon sond igen, han har gått ner ett kilo på en vecka. Det var traumatiskt, han upprepade att han inte vill ha slang i näsan, sen somnade han direkt efteråt av ansträngningen. Droppet togs bort. Vi körde på med sondmat i långsamt tempo. Vi fick åka hem på permission men Leon låg bara blek i soffan eller sängen och ville knappt vara upprätt. Väl tillbaka på sjukhuset kräktes han upp både sondmat och medicin.

Läkaren förklarade i förmiddags att vi får ta en dag i sänder. Leon måste få penicillin intravenöst tills hans neutrofila är över 0,5. De väntar på svar på ytterligare virusprover. Leon måste fortsätta vara isolerad tills vidare. Det är så svårt att se honom så här. Han känns deppig och trött. Att ligga isolerad innebär att han inte ens får komma ut i korridoren. Han ser inga andra barn, det finns inget lekrum han kan leka i, han får inte gå till lekterapin, det kommer inte några lekterapidamer på besök, ingen biblioteksvagn. I vanliga fall, på sin avdelning, får han aldrig obehagliga behandlingar på rummet för att rummet inte ska förknippas med något jobbigt. Här kommer de in och sätter sond, de kommer in och gör röntgen, de kommer in och sticker i fingret när port-a-cathen strular. Och han får ingen present från någon stickelåda.

Måndagen den 21 mars 2005

Leon och Micke sover på sjukhuset. Leon hade en bra dag i går och var hemma på permission och lekte. Sondnäringen tickade in. På natten på sjukhuset sov han dåligt och kräktes mycket. I dag har han haft en trött och hängig dag, inte alls velat äta. Det är som om hans mage inte alls fungerar. "Vi måste låta Leon bestämma tempot nu", sa läkaren i går. "Det här tar sin tid." Det positiva är att värdena stabiliserats. Hans Hb kan nog sjunka mer i veckan efter förra veckans behandling, så möjligen behöver han blod snart. Men om blododlingssvaren som kommer i morgon är bra kan han förmodligen slippa antibiotika intravenöst och få komma hem. Då återstår bara problemet med maten. Hittills har han behövt dropp som komplement till sondnäringen.

Tionde natten i isolering på sjukhuset nu.

Annars har vi haft besök av min bror med familj. För Agnes var kusinleken ett välbehövligt avbrott från en pressad vardag. För oss var det fantastiskt att bli bjudna på middag i går kväll: en permission då vi också kunde få känna att vi hade permission.

Tisdagen den 22 mars 2005

Bara att vara samlade igen. Det är helande. Vardag, natta barnen, en unge på var sida, småprat, Leon som ligger och lyssnar på alla ljud, kommenterar, Agnes som pratar i vardagsrummet, Micke som stökar.

Han är hemma. Det känns skakigt. Han har låga värden, han äter inte, han kanske behöver blod, kanske dropp, han kanske får feber igen. Men vi måste tro att det går. Han har varit nöjd i dag. Går runt på vingliga ben och bara njuter av att vara här. "Leon ska vara hemma kvar." Han fick en uppmuntringspresent från farmor på posten, satt som ett ljus och lekte med sina nya bilar.

Till slut hittade de ett virus: rotavirus, klassisk barnfamiljsmagsjuka. Därför är Leon portad från sin vanliga avdelning tills han är helt frisk igen. Vi ska in på torsdag och ta prover, men då till akuten och ett behandlingsrum där. Behöver han av någon anledning läggas in så hamnar han åter på isoleringsrum på infektionsavdelningen. Jag pratade med läkaren i dag, sa att det har varit tufft att ligga isolerade så länge på en annan avdelning. De förstår det, men saknar bra isoleringsrum på avdelning 64. Och vi förstår ju att vi måste vara där, men det gör det inte mindre tufft.

Vi jobbar med maten. "Slanggång", som vi kallar det, att följa Leon med ryggsäcken. Nu är han så stor att han säger till om han ska gå någonstans, ropar att vi ska bära ryggsäcken med sondmaten. Han tycks må mindre illa. Börjar han äta kan vi övergå till att ge sondmat bara på natten som extra tillskott. Och så fort han är pigg nog tar vi bort sonden. "Leon vill inte ha slang i näsan", säger han.

I dag har blev husköpet klart. Inflyttning i juni.

Torsdagen den 24 mars 2005

Leon sover hemma för tredje natten i rad. "Leon sova hemma, inte sjusjuset." Långsamt återhämtar han sig. Vi har fått i gång sondmaten. Hans mage är inte bra, men det verkar inte vara magsjukan längre utan snarare problem med matsmältningen. I dag var vi på sjukhuset och tog prover, hans neutrofila är äntligen uppe på bra nivå och Hb hade hållit sig kvar på samma nivå, så han behövde inte nytt blod. Det tar sig. Leon är trött och tagen, tillbringar tiden halvliggande i soffan. Vill inte gå själv på golvet.

Vi mötte Marianne från lekterapin i ljusgården på sjukhuset. Hon var utklädd till påskhäxa och blev bedrövad när hon förstod att vi fortfarande inte fick besöka lekterapin. "Vi har längtat så efter dig", sa hon till Leon som trots att han tyckte att Marianne var "lite läskig" i sin utstyrsel ändå var märkbart glad att se henne.

Lördagen den 26 mars 2005

Påskafton. Vårväder. Leon är tillbaka. I går började han gå och leka. I dag började han äta. Vi ger honom extra sondmat på natten. Han har blivit så smal.

Det är så fantastiskt skönt att bara se honom så här. Sprudlande glad. Hungrig. Vingliga ben, han liksom blinkar och hukar lite när Stella kommer stormande, som är han rädd att knuffas omkull. Många gånger varje dag pratar han om sjukhuset, om att han inte ska dit i dag, men en annan dag.

Tisdagen den 29 mars 2005

Solen fortsätter skina. Leon blir starkare för var dag. Han har fått lite färg på kinderna och kräver att få äta hela tiden. Jag satte honom helt sonika på ett bord och drog ut sonden, det var inte roligt men skönt att bli av med den för både honom och oss. Vi har varit ute mycket i helgen, tog en vända till havet med vänner i går. Leon var sur först, tyckte det var besvärligt. ville sitta i vagnen, men han var den som ville sitta kvar i sanden och gräva när vi skulle hem. I dag fick Leon följa med till dagis en sväng på morgonen och båda barnen var lyckliga. Leon var med på samlingen och lekte en stund ute innan han sa till Micke att han var trött och ville hem.

Torsdagen den 31 mars 2005

Ännu ett par bra dagar. En glad dag på sjukhuset i går med intensiv lek på lekterapin. Han påstår själv att han sagt "aaaaa" och gapat hos tandhygienisten, men det var inte riktigt sant. Lycklig förmiddag på dagis i dag när han sjöng på samlingen, lekte med alla sakerna och grävde i sandlådan. Efter nästa veckas kortisonbehandling ska vi skola in honom på allvar. Det ska bli så skönt att få ge Leon och Stella någorlunda samma villkor om dagarna.

I dag fick vi veta att en liten kille vi lärde känna i höstas dog i förra veckan. Vi tänker på hans familj, vi hoppas de ska hitta styrka tillsammans.

***

Mikael, lördagen den 2 april 2005: *Leon har haft ett par viloveckor från behandling och blir starkare för varje dag även om humöret är som vårvädret, lysande glad och surig. Han är mycket mammig, spar solskenet till Anna och regnet till mig när vi är tillsammans allihop. Men det får vara så och jag njuter av när*

63

Leon och jag är själva och jag får ta hand om alla hans kramar. Vi har det bra nu och passar på att njuta av våren och strunta i städning.

Vi har haft ett tänt ljus i fönstret och tänkt på pojken som dött, och gråtit med tankarna på honom och det hemska faktumet att barn faktiskt dör. Dagen efter jag fick höra att han dött träffade jag en annan liten pojke, som haft det mycket svårt, glad och sprudlande. Glädjen trollar inte bort sorgen men det känns rättvist att den som ibland fryser också får känna sig riktigt varm.

***

Måndagen den 4 april 2005

Leon fick börja dagen med fasta men höll sig på någorlunda bra humör. Han är tydlig med vad han vill nu och säger alltid ifrån, "nej, Leon vill inte", vänligt men bestämt. Vi började prata om sjukhuset redan i går kväll (han sa nej) men i morse var han införstådd på att det var det som gällde. Stella fick gå extra tidigt till dagis för att äta frukost där, ingen av oss kan äta frukost hemma när Leon fastar. Vi smyger till köket en och en medan han ser på film. Väl på sjukhuset var han glad igen, allt var välbekant och han sprang själv till hissen, hälsade glatt på alla på dagvården, strålade och pratade. Väntan blev lång innan han fick komma upp på operation. Till slut somnade han i sin säng på dagvården, sov hela vägen upp. När doktorn skulle ge honom sömnmedel vaknade han till, konstaterade yrvaket "där är doktorn" och kom sen på att han missat att åka hiss i sängen så han hann bli ledsen innan han somnade. På uppvaket sov han utan extra sömnmedel. När han vaknade var han lugn och frågade efter doktorn.

I dag går han in i en lugnare fas, men den här dagen innebär sövning med en injektion Metotrexat i ryggen och en injektion med Vincristin via port-a-cathen. Och i fem dagar ska han äta kortisontabletter. Under hela den här fasen ska han äta tabletter med cellgifterna Purinethol (dagligen) och Metotrexat (varje tisdag). Var fjärde vecka får han någon form av intravenös behandling.

Torsdagen den 7 april 2005

Just nu är alla i familjen urlakade. Kanske är det Leons humör som gör vardagen tuffare, men den här kortisonkuren är han inte lika arg som sist. I stället är han trött och känns alltmer deppig. I veckan har han varit på dagis varje dag en stund. Han sitter i knät på samlingen men vill hem redan vid tiotiden. Allt tröttare, i dag satt han och gosade och blundade, vaknade till och var med ibland. Efter en halvtimmes samling var det en halvtimmes gymnastik. Vi gick mitt i gymnastiken, hemma ville han ha välling och sov sen i tre timmar. Ändå har han varit jättetrött hela kvällen. Och deppig. Han har börjat säga med utmattad röst: "Vad kan Leon göra?"

Ändå verkar det inte ha med hans blodvärden att göra, för han är inte blek och kortisonet brukar hålla värdena uppe. Men det är nya mediciner för honom. Vi vet inte vad som är vad. Kanske beror den enorma tröttheten på allt sammantaget, det var ju inte så länge sen han var väldigt sjuk.

Själv har jag känt mig optimistisk sen Leon började äta och leka igen. Men i dag tog det slut på krafterna. Det är en anspänning att se honom så här och jag är punktmarkerad inte bara av honom utan också av en liten Stella. Efter den här dagisdagen började jag oroa mig för om dagispersonalen verkligen kommer att vara lyhörd för Leons behov, men efter ett samtal med kontaktsköterskan på sjukhuset blev jag lugnad. Hon kommer att följa upp hur det går när han börjar och träffa personalen om jag tycker det behövs.

Söndagen den 10 april 2005

Vi har haft intensiva dagar med kortisonhumör och stor aptit för Leon och en hel del svartsjukedramatik med Stella. Leon har fortsatt kräva att få sitta i mitt knä om dagarna. Emellanåt har han varit glad, men också då märks kortisonhumöret. Det blir ett driv i honom som gör att han pratar högt och snabbt och vill ha aktivitet hela tiden. Sen vill han upp i famnen igen, "Leon är ledsen igen" säger han, "trösta mycket". Hans aptit har varit stor och de sista nätterna har han druckit ett par flaskor välling extra: han vaknar med ett argt skrik men när han väl fått i sig sin välling är han tvärnöjd och ligger och pratar ett tag.

I dag var vi i Stadsparken i ett par timmar: ankor, tuppen, lekplatsen och en glass på fiket. Vi har svårt att riktigt orka med de här intensiva dagarna.

Men orkar gör man ju, även om det känns som om irritationen ligger och pyr. Som vanligt känner vi att vi inte hinner ge Agnes den uppmärksamhet hon förtjänar. Hon skulle behöva simträna, komma ut och röra på sig, göra något roligt. Å andra sidan har hon fullt upp med kompisar.

Tisdagen den 12 april 2005

Just nu slåss hästar här inne i rummet, springer runt, sover och äter godis. Det är en skön variant av slagsmål. Gosedjurshästar blir också ledsna, men jag slipper ingripa och bli arg och ta hand om både en slagen Leon och en ledsen Stella som det "är synd om osså".

Leon har börjat på dagis. Precis som jag misstänkte förstod han inte riktigt vad som hände när jag gick, så han blev ledsen när han inte kunde hitta mig igen. Men när jag kom och hämtade vid lunchen hörde jag båda mina små barn prata på friskt vid matbordet. Leon såg nöjd ut där han satt och vräkte i sig mat. I dag var de på utflykt till 4H-gården. Där sprang de lyckligt omkring när Micke kom för att hämta.

Det är kluvet det här med dagis. Jätteskönt för både Leon och Stella, men ökad risk för virus. Men det känns värt det: de behöver få vara tillsammans och dela erfarenheter, det märks att de mår bra av det.

Själv har jag haft ett par tuffa dagar. Den långvariga pressen kombinerad med intensivt småbarnsliv och en tioåring som behöver sitt. I perioder går det, men plötsligt faller man. Den sista sjukhusinläggningen tog sitt. Ibland känns det som om hela min vakna tid går åt till att finnas där för barnen och när de har somnat kommer ångesten över att inte ha lyckats med det. Oro och rädsla för hur det ska gå, med utmattningen efter sjukhusvistelser, efter höstens berg-och-dalbana, efter en vecka med full koncentration på att stå ut med kortisonhumör och dålig sömn om nätterna. Det blir för mycket. Oftast har vi fokus på det positiva och på att bara vara tillsammans i det här och göra det bästa möjliga av det. Men det är inte lätt.

***

Det ocensurerade – en anteckning, odaterad.

Nästan svårt att hantera, dessa "vad ni är duktiga", "ni gör det så bra", "att ni orkar", "du är så duktig", alla ord om vår kompetens och handlingskraft när vi går på knäna, när allt går i spinn och vi inte orkar möta vare sig varandra eller barnen, när allt är en karusell av saker som ska klaras av, orkas med, hinnas med och vi varken klarar av, orkar med eller hinner. Jag blir nästan förvånad, stannar upp, känner att jag måste tänka, fundera på om det är så, är jag duktig? Finns det?

Och min känsla varje gång att det gör det inte, det finns inte, det är det inte. Vadå duktig. Vi har inget val. Det är. Vad är alternativet? Sätta sig på tåget och sticka i väg? Börja gråta och aldrig sluta? Visst, det finns en kraft, kanske en häpnadsväckande kraft att känna dagar när lättheten är större än tyngden, jag kan inte sluta undra vad det är, barnens leenden, våren, livet självt. Men duktig?

Också uttrycket "gå i väggen". Hur många gånger kan man gå i väggen utan att krokna? Hur många gånger kan man "ta nya tag"? Varje sekund nya tag. Varje dag minst en vägg. Ta tag, ta i, ta vid, bytas av, hålla i, hämta andan, andas, hugga i, sträva på, kämpa på, ta sig igenom tunneln, ta sig vidare, bita ihop, det finns hur många uttryck som helst för det. Gå i väggen, bli utbränd, det låter så finalt. Men hela upplevelsen av detta är att det inte är det. Finalt. Det går att göra om och göra om och göra om.

Att be om hjälp. Till slut blir det en knut i magen. Åtta månader har vi levt i behövande tillstånd. Och vi behöver mer hjälp än någonsin. En del av våra vänner har under de här åtta månaderna liksom glidit i väg längre bort. Inte för att de inte bryr sig. Men för att våra livsvillkor inte längre delas, för att vi inte förenas av det vi förenades av innan, för att vi inte kan ge så mycket som vi gjorde. Om jag från början formulerade och portionerade ut hjälpbehovet så får jag nu en knut i magen. Vem ska jag be, om vad? Där stannar allt och blir kvar. Vid tanken och frågan. Att be om hjälp blir jobbigare än kaoset. Samtidigt känslan av övergivenhet, vart har de tagit vägen? Tror de allt har blivit så jävla lätt bara för att tiden går?

Ett annat problem: fokus och koncentration, förstörda av oro och sömnbrist och stress. Sjukvärlden äter sig in och blir det allt rör sig runt. Allt annat faller. Inte konstigt att vi glider i väg. Vi glider i väg från allt.

Samtalskontakt. Har en kontakt. Och jag har samtalat. Men går det att prata bort? Bara att ha tre barn kan göra vem som helst stressad, få vem som helst att drabbas av känslor av otillräcklighet och stress. Går det att komma längre nu? Jag håller ihop men jag går i väggen 100 gånger varje dag av utmattning, hopplöshet och oro, biter ihop och kämpar på 100 gånger varje dag av pur livsvilja. Det är för fan inte duktighet det handlar om. Jag behöver massor av hjälp. Men jag har ingen jävla lust att dra i folk som inte är beredda. Bara att dra i folk kräver krafter jag inte har. Det gör mig också arg, att folk inte ser det, alla dessa "hör av dig om ni behöver hjälp", säkert allvarligt menat, men om man är så slut att man inte orkar? Ett helt förutsägbart tips är att vi ska ge oss i väg tillsammans en helg och ordna barnvakt. Det gör mig nästan också förbannad. Har du haft ett cancersjukt barn själv, vill jag fråga. Vet du, vill jag säga, hur kul det är att introducera ny barnvakt till sitt aldrig barnpassade 2,5-åriga cancersjuka barn? Inte?

Det är sent, men den enda tid som finns är sent. Agnes kom upp och grät för att hon är rädd för att dö. Klockan är ett. Och jag ska sova bredvid, ge henne lite livsvärme. Nyss har jag skällt på henne, jag orkar inte, orken är slut, vill bara skrika, så jävla duktig är jag, men min dotter gråter av rädsla för att dö, och det är inte konstigt när brorsan är dödssjuk, och det finns faktiskt inget utrymme för annat än att lägga sig bredvid med armen om. Det är jag också arg på, mitt i allt, det att det inte finns inte plats att vara bara jag, känna efter, vara liten, gråta och ge upp.

Och samtidigt smärtan över att det ger så mycket ilska. Det är inte så det ska vara, så jag vill vara, så det var. För är det nåt jag alltid känt så är det att jag funnits där för min stora tjej. Men det gör mig så arg att jag inte orkar. Och skuldmedveten. Kärleken så stor. Får inte tid och rum.

***

Fredagen den 15 april 2005

Fantastisk vårmorgon. Botaniska trädgården i soldis, ekorrar och fåglar, liljor och så grönskan som börjar komma nu.

Leon sov på dagis i onsdags. Själv var jag nervös och kunde varken koncentrera mig på någonting eller vila hemma. Men det gick bra, jag satt sen på dagis och tittade in genom glasväggen till lekrummet på alla barnen som sov rofyllt på madrasser på golvet. Leon och Stella sov intill varandra. Jag fick gå in och väcka dem och fick två varma och lyckliga barn i famnen. På kvällen pratade Leon lyckligt om att han sovit på dagis och räknade i tur och ordning upp de andra barnen som också sov där. Pratade om vem han sov bredvid och att jag var där när han vaknade.

I natt steg febern till 39,1. Leon låg vaken och pratade länge innan jag förstod att det var febern som höll honom vaken. Vi ringde in och kom överens med avdelningen om att han kunde få Alvedon och sen få somna om, eftersom det med all sannolikhet rör sig om det där dagisviruset som går, med feber och lite hosta. I morse hade han 38,7 och Micke åkte in med Leon för att ta blodprov och prata med doktorn. Leon ville själv dit, vilket brukar innebära att han inte mår så bra. Han klagade på ont i munnen och har definitivt ingen aptit längre.

Leon fick komma hem, men hans värden var inte bra. Så när febern steg upp till 39 fick han åka upp igen.

Lördagen den 16 april 2005

På sjukhuset fick Leon ny nål i sin port-a-cath, fick ta nya prover och blododlingar och fick dropp eftersom han inte fått i sig så mycket under dagen. "Husjouren" undersökte honom och det märktes att han var ovan vid att vara på Leons avdelning, för han verkade inte vilja sätta in penicillin automatiskt även om Leon hade så dåliga värden. Han såg att halsen var röd och öronen röda, konstaterade att det kunde bli något men ville avvakta provsvar. Jag sa till nattsköterskan att det kändes oroligt om han inte ville ge penicillin när det är praxis att göra det när man har så dåliga vita. Hon lugnade mig med att hon talat om för honom hur de brukade göra. När provsvaren kommit skulle hon ringa honom och om han fortfarande tvekade fick han ringa avdelningens jour och kolla.

Leons feber steg under natten till 40 grader, men i dag har han stundtals varit pigg, sprungit runt i korridoren, tittat på fiskarna, åkt trehjuling. Han får penicillin intravenöst. Om det inte dyker upp något på blododlingarna så får han åka hem när hans värden har hämtat sig.

Det kunde varit värre. I dag har jag inte kunnat låta bli att tänka på hur vana vi blivit vid det här. Det var skönt att komma till Leons egen avdelning efter den sista vändan på infektion. Leon var nöjd med att få ett eget rum och med att känna igen personalen. Vi hittade hans favoritfilmer i videoskåpet, National Geographics film om vilda djur och Alfonsfilmen. Han tittade på film både i går kväll och i natt när han var vaken och hade frossa.

Men det känns så jobbigt att splittra familjen igen. Stella var med på sjukhuset en stund i dag, for lyckligt med dockvagnar genom korridorerna och ville inte hem. Agnes är förkyld och i kväll fick hon något slags krupp med svårt att andas, jag tänkte att det kunde vara infektionsastma. Under andra förhållanden hade vi åkt upp på barnakuten med henne, men det blir krångligt när Stella sover och jag är själv. Nu letade jag reda på Mickes akut-astmamedicin, läste in mig på FASS på nätet och gav henne en dos. Det hjälpte. Sen kom min pappa över en sväng direkt från ett tåg och lyssnade på henne.

Söndagen den 17 april 2005

Vi tog en promenad i vårvädret hem för permission. Liljor, scilla, vitsippor och sol. Nu tar Agnes hand om Leon och förevisar alla sina gamla gosedjur som just kommit ner från vinden för ytterligare sortering inför flytten.

Leon mår ganska bra, men har usla värden. Hans Hb har sjunkit till 83, hans neutrofila har tyvärr helt försvunnit. Vi tar en dag i sänder. Just nu är det skönt att vara hemma en stund och vara samlade. Om några timmar tar vi oss tillbaka, Leon och jag, för att sova på sjukhuset i natt.

Stella var uppe en stund på sjukhuset och lekte med Leon. Vi gick till lekterapin och de hade väldigt roligt en stund, tills Leon ledsnade. Hans låga värden märks i att han behöver många pauser, och när han sovit middag tar det lång tid innan han vaknar. Dessutom är aptiten dålig. Men han äter och i dag har han inte behövt dropp under dagen.

Måndagen den 18 april 2005

Sjukhusdag med Agnes på besök, lekplatseftermiddag, sen hela familjen i vardagstrött och lite slitig, irriterad kväll innan Leon skulle tillbaka till avdelningen igen. Agnes och Stella vill följa med och släppa av Leon och vinka hejdå nu varje kväll. Alla tycker det är rätt mysigt, och även om det bara är fem minuter dit så är det fem minuter som jag och Micke sitter bredvid varandra och pratar och inte behöver ha fokus på barnen eller allt som ska göras. Under sjukhusperioderna är det ofta den enda tid vi har. Vi släppte av Micke och Leon och tutade som vanligt till Leon innan vi körde i väg.

I dag frågade jag läkaren något vi funderat över. De säger alltid att med just Leon vill de helst inte frångå protokollet, eftersom han svarade dåligt på behandlingen i början. Vid flera tillfällen nu har de gett honom cellgifter fastän han egentligen legat under gränsen i sina värden för att få några. Nu fick jag bekräftat att de kommer att fortsätta så. Jag frågade om det kanske är dumt för Leon att gå på dagis. Det verkade inte som om de tänkt på det, men läkaren sa att om det också efter sommaren blir många infektioner kunde vi överväga dagmamma i stället. Varje infektion eller virus som kräver penicillin gör att det blir oönskade stopp i behandlingen.

Leon är pigg men får perioder under dagen när han är trött och arg. Däremellan klättrar han, sjunger, pratar, springer i korridoren och cyklar på trehjulingen. Men hemma har han och Stella det lite slitigt när Stella känner att han särbehandlas. Det är tydligt dubbelt för dem: de blir så lyckliga av att se varandra och sen går det så ofta fel. I dag var Agnes hemma från skolan för att kurera sig, och var med på sjukhuset. Det var Leon väldigt nöjd med. Och det var bra för Agnes att få vara där, även om hon blev rastlös.

Onsdagen den 20 april 2005

Sjätte natten på sjukhus. Leon charmar alla. Han är i full färd med att lära sig alla namn på avdelningen. Så tillitsfull.

I dag var vi på lekterapin för Leons favoritrunda: vattenlek, sandlåda, bondgårdsdjur, grävmaskinen och docklek. Innan han skulle sova middag uppe på avdelningen kom clownen in och busade. Leon låg sömnig och log i sängen, kastade slängpussar och ropade hejdå när clownen skulle gå igen.

Det var på det hela taget en ganska underbar sjukhusdag, men sen åkte vi hem och det blev mer hektiskt, Agnes skulle skjutsas till kulturskolan, Stella skulle hämtas på dagis, Agnes skulle hämtas på kulturskolan. Sen köpte vi hämtpizza på vägen hem och alla var trötta. Det är ju sådana där logistiska kullerbyttor som alla barnfamiljer håller på med, men vår trötthet och det här extra med sjukhusvistelser och tider med penicillininjektioner gör att det saknas marginaler. En fortfarande glad Leon vinkade av oss vid sjukhuset och vi tutade två gånger innan vi åkte hem igen.

Stella längtar efter att allt ska vara som vanligt och är ledsen.

Torsdagen den 21 april 2005

Några minuter tidigare hade vi fått den halvt skämtsamma förmaningen att hålla oss hemma nu och inte komma dit för annat än behandlingar. Då kom läkaren springande tillsammans med barnkirurgen som noga studerat Leons röntgenbild från i lördags. Han hade kommit fram till att port-a-cath-katetern inte sitter bra i hjärtat utan några centimeter för långt in. Det lät skrämmande. De sa att det inte är någon fara nu, men att det inte är bra att få cellgifter genom den. Nu har vi permission över helgen, men på måndag ska Leon opereras igen för att justera port-a-cathen. Sen blir han kvar över natten, han kommer förmodligen att behöva morfin. Jag gick därifrån med min kvittrande pojke och kände bara ett nej. Tredje operationen för port-a-cathens skull. Vi minns hur ont han hade efter de första två. Sen kom alla tankar på att hjälp, han har ju redan fått så mycket cellgifter, tänk om det redan skadat hans hjärta?

Men nu: familjen samlad. I kväll får vi middag serverad av vår vän Åsa, det känns lyxigt.

Söndagen den 24 april 2005

Tungt och nervöst inför morgondagen. I natt drömde jag om att vi kom till avdelningen och att det inte fanns något rum till Leon utan man hänvisade till badmintonsalen där han skulle få byta om inför operationen. Jag vaknade med hjärtat bultande av adrenalin och insåg att det måste ha att göra med min oro för att få dela rum. Det är så svårt att sova ändå på sjukhuset. När jag ringde om fastetid i morgon så passade jag på att fråga om rumsnummer och mycket riktigt skulle Leon bo i en två-sal.

Trots anspänningen inför morgondagen har vi haft en bra helg. Vi har besök av farfar Erland och Karin, har blivit serverade goda middagar och fått hjälp med städning.

Måndagen den 25 april 2005

En pigg Leon leker med en duplo-helikopter härinne på vår stora två-sal, som vi ännu har för oss själva. Leon sov ett par timmar innan operationen. Han vaknade när han lyftes över från operationsbritsen till sängen, var arg men somnade om igen efter mera sömnmedel. Sen sov han till fem. De har kortat katetern som leder till hjärtat och gett honom en ny dosa till port-a-cathen. Han har inte fått ont än, har druckit välling och smakat mat och är glad och pigg och springer i korridoren. Stor lättnad. Läkaren sagt att det som kan hända och som finns beskrivet i litteraturen men som de inte stött på här på sjukhuset är att klaffarna kan skadas om kateterspetsen ligger för nära. Han lät övertygad om att det inte är någon fara för Leon.

Torsdagen den 28 april 2005

I tisdags kom Leon hem från sjukhuset, och på kvällen fick han sin dos Metotrexat-tabletter och sin dagliga Purinethol. I går var han med Micke en stund på dagis över samlingen, men blev snabbt trött och sov sen middag i tre timmar. Det känns svårt med dagis nu. Personalen tycker det är svårt och känner sig osäkra. I morgon ska jag ringa vår samordningssköterska Carina och be henne träffa personalen så att de kan få svar på sina frågor. På måndag har vi möte med dem. Vi kan inte räkna med en "vanlig" inskolning. Vi kan inte ha någon framförhållning utan lever från dag till dag. Och för Leon är dagis inget främmande. Det är att bli lämnad där utan oss som är nytt, det är det vi och han behöver träna på.

Lördagen den 30 april 2005

Ute är det ljummen vårkväll, det doftar eld, rör sig människor, studenter, tonåringar, barnfamiljer genom stan. Men valborg i Lund blev inte vad vi tänkt oss. I eftermiddags tittade läkaren på mig innan vi skildes åt och sa: "Vi pratade om er nu, att ni orkar, att ni inte bara säckar ihop." "Men det gör vi ju", svarade jag. "Men ni kunde ju ta ut det mer på oss", sa hon. "Fast det skulle ju inte vara så konstruktivt", sa jag. Det är bara att klappa ihop och gå vidare, sa jag inte.

Konstruktiva är dock inte det vi känner oss när Leon ligger inlagd igen, det är nog den artonde natten på fem veckor. Snarare slutkörda, det finns ingen kraft kvar att vara konstruktiv med. Men vi får titta på Leon. För Leon själv vinkar och ler när vi tutar med bilen utanför sjukhusentrén på kvällen, Leon själv kryper ner i sängen och lägger sig nöjt till rätta i "rummet", ser lite på video tills han somnar och sover gott hela natten.

I går kväll upptäckte vi att det var rött kring ärret. Vi ringde upp och fick en tid för att träffa jouren på avdelningen i dag. Jouren kallade på barnkirurgjouren. Och barnkirurgjouren sa att det var en början på infektion i såret och hon ville sätta in antibiotika intravenöst direkt för att vända det så fort som möjligt. Så att Leon kan få sin högdosbehandling, som han egentligen ska få på tisdag, så fort som möjligt. Det går inte att använda port-a-cathen nu, eftersom det finns risk att den infekteras. Och om den gör det så måste den plockas ut och en ny måste opereras in på andra sidan.

Micke tog tjejerna till tivolit i Stadsparken och jag och Leon gjorde en utflykt på sjukhusområdet medan Emlaplåstren verkade på handryggarna. Vi hann till och med en tur till Lundagård, tittade på alla blommor och på fontänen innan vi gick tillbaka. Sen fick Leon nål och medicin. Han mår ganska bra, har ingen feber, men är gnällig och trött. Vi vet inte hans värden för proverna som togs i eftermiddags kom av någon outgrundlig anledning inte fram till labbet.

Nu hoppas vi att det snabbt blir bättre så att han kan få sin behandling. Vi får trösta oss med att vi kan vara hemma mellan antibiotikainjektionerna.

Efter att ha lämnat Leon och Micke på sjukhuset for vi i kväll en sväng upp till Östra Torn och tog en promenad för att titta på vårt nya område. Där har de en egen eld, men vi orkade inte vara kvar länge nog för att se den tändas. Det blev ändå en mysig promenad. Barn och familjer ute överallt, aktiviteter och trummusik och liv. Sen tog vi rundan om videoaffären och Agnes ser nu på *Hajar som hajar*. Stella sover djupt.

Måndagen den 2 maj 2005

Leon sover på sjukhuset. Han var pigg i kväll, efter en grinig förmiddag då humöret svängde kraftigt. Med jämna mellanrum la han sig helt sonika på golvet, såg surigt upp i taket och väntade på att bli hämtad. I går kväll på sjukhuset började han krypa runt som en hund på golvet vid åttatiden och skälla så jag tog ut honom på en kvällspromenad hem till hans kompis Kyle, där han hoppade studsmatta en liten stund. Och i morse kom Kyle till avdelningen och tog prover, de var glada att se varandra, satt vid frukostbordet och pratade och åt.

Inga neutrofila alls i går. I dag var de 0,1 men för att få påbörja högdosbehandlingen måste de vara 0,5. Det röda på operationssåret är kvar, men det verkar gå åt rätt håll. Det finns ett fall med resistenta stafylokocker på avdelningen, så lekrummet är avstängt för att saneras. Leon lekte där efter sin operation, så det känns oroligt innan vi verkligen sett att rodnaden försvinner och att hans stafylokocksvar är negativt. Men framför allt hoppas vi att han får köra sin behandling snart. Det känns inte kul att han går utan behandling när läkarna är så noga med att han inte ska göra det. Men när värdena är så dåliga finns inga alternativ, som läkaren sa i dag.

Onsdagen den 4 maj 2005

En kort paus mellan disk och plock i det alltmer överväldigande kaoset här hemma. Leon är på permission hemma, sen ska han tillbaka och sova som vanligt. Ingen förbättring av hans värden. Förmodligen kommer nästa högdosbehandling att få skjutas upp. Tills vidare är han inlagd. Hans sårinfektion ser bättre ut men han måste fortsätta med penicillin ett tag till.

Vi har varit mycket på sjukhuset i dag och hann med en sväng på lekterapin i förmiddags innan vi träffade läkaren. Sen fick han ny nål i andra handen eftersom den gamla inte fungerade längre. Och så tog de stygnen. För att det skulle bli lugnare för honom fick han morfin och var rätt groggy sen. Annars en bra dag med gott humör för Leon. Men för oss: tilltagande utmattning. Det tar energi att uppbåda optimism och krafter när vi inte ser ljuset i tunneln.

Torsdagen den 5 maj 2005

Välbehövlig skogspromenad i Skrylle, med glass och våffla efteråt. Jag gick tillbaka hit till sjukhuset med Leon på kvällen, han gick halvvägs själv, funderade, lyssnade på fåglar, tittade på gruset. När han kom hit berättade han för personalen vad han gjort. Eftersom han "kan själv" hela dagarna har han vispat sin välling, hämtat sina blöjor, och velat bestämma allt.

Söndagen den 8 maj 2005

I morse strosade vi hem i morgonsol genom Professorsstadens grönskande gator. Leon var glad och pratig. Hans värden har hämtat sig och han har fått sluta med penicillinet. Men nu är han uppe på sjukhuset igen, för att sätta nål inför morgondagens högdosbehandling. Jag hade inte sinnesnärvaro nog att ifrågasätta det när sköterskan ringde och bad oss komma upp och göra detta i dag så att de slapp sätta nålen i morgon. Kunde han inte fått ett dygn helt ledig?

Lekplatsbesök varje dag nu och han njuter kolossalt av att han kan klättra upp och åka kana alldeles själv. Leon och Stella har lekt mycket ihop och de pratar om varandra när de är ifrån varandra.

Måndagen den 9 maj 2005

Leon vaknade från sin förmiddagslur när vi åkte upp till operation och konstaterade yrvaket och glatt i hissen att det är roligt att åka hiss i sängen. Väl där satt han och lekte med grejerna i presentlådan. När vi sa att han skulle somna bad han att få sitta i mitt knä, somnade där. På uppvaket slog han upp sina ögon efter en timme och sa: "Leon snurrar, mamma." En bebis grät och han lyssnade med slutna ögon och konstaterade att "bebisen trillat, mamma". Det är fantastiskt att se honom så lugn och van och harmonisk mitt i allt.

Leon tog benmärgsprov men vi har inte fått besked än. Den läkare som jobbar den här veckan kom in på förmiddagen och sa att han inte själv skulle ha ordinerat ett benmärgsprov men att när Leon nu ändå var sövd så kunde de lika gärna göra det. På direkt fråga sa han att det inte fanns någon anledning att oroa sig.

Tisdagen den 10 maj 2005

Högdosbehandling med Leon nu är inte enkelt: Han är en rödrosig, glad, pratig och rastlös 2,5 åring som sitter fast i en droppställning men ändå springer i korridorerna med sina föräldrar som ett streck efter sig ropandes "stopp Leon, akta slangen". Han är en 2,5-åring som klättrar runt i sängen med slangarna i härvor runt sig och "akta, akta slangen Leon". I dag hände det som vi hela tiden är rädda för: han fastnade med slangen och nålen åkte ut mitt i Metotrexat-infusionen. Dramatik och snabbt ny nålsättning utan bedövning. Men inte ens det hejdade hans framfart. Han leker helikopter i sängen, trycker på alla knapparna i sängdosan så att sängen hissas upp till max och knycklas ihop till max och så sitter han där i mitten och åker helikopter med ett nöjt leende på läpparna. Leker lejon eller anka eller katt. Brottas och kittlas. Gosar. Springer runt och övar alla namn på alla som jobbar här. Åker ner med hissen till kulverten och tittar på "tåget" som skramlande far fram.

Han springer ner på lekterapin och far runt där ett tag. Sparkar sig fram på trehjulingen i korridoren. Matar fiskarna i akvariet. Sjunger "Kalle Anka satt på en planka, ropade så här, mamma, pappa, Stella, Agnes, se så stor jag är." I dag fick han också besök av sin kompis Kyle. På kvällen tog han tvärt slut och somnade före åtta.

Vi väntar fortfarande på svar från benmärgsprovet, men med tanke på hur bra han hämtat sig i sina värden känner vi oss inte oroliga.

Vi behöver vardag nu. Agnes har det jobbigt och Stella längtar efter Leon.

Torsdagen den 12 maj 2005

Det kan ta lite längre tid med nedbrytningen av cellgifterna direkt efter penicillinbehandling, men i kväll har vi fått komma hem. Vi hade en lugn förmiddag: en runda ner till kulverten för att titta på tågen, sagor och vila i sängen. I går bjöd Barncancerföreningen på hamburgare, och hela familjen umgicks en stund på avdelningen innan jag tog tjejerna med mig hem.

Benmärgsprovet var bra.

Måndagen den 16 maj 2005

En helg med soligt väder, utflykter, besök från Uppsala och just nu besök av farfar Erland.

Leon har varit tagen men glad efter behandlingen. Han pendlar mellan att vara nästan som vanligt och att plötsligt ta slut, se blek ut, klaga på att det "snurrar", vilja sova. I natt kräktes han efter vällingen och i dag har han inte ätit annat än fil. I dag fick Stella, som hade krupp i natt och var hemma från dagis, följa med till sjukhuset. Alla vi mötte kommenterade att Leon såg så trött ut. När han tog blodprov satt Stella bredvid och höll honom i handen. Sen lekte vi en stund på lekterapins utelekplats i blåsten och kylan.

Torsdagen den 19 maj 2005

En hel vecka hemma. Vi siktar in oss på att skola in Leon på dagis nästa vecka. Det känns svårt att tänka på. Leon vill inte vara där och bevakar oss noga när vi hälsar på så att vi inte ska få för oss att gå till jobbet utan honom. Samtidigt känns det viktigt att försöka hitta vardagsrutiner som är gemensamma för båda de små och skönt om Leon kan vara inskolad när flyttstöket sätter igång om några veckor.

Farfar Erland hjälpte oss med både det ena och det andra. Barnen mår bra av att ha någon på besök: det blir en vuxen till och mer tid att ägna sig åt dem. Och vi blir mindre pressade. Vi försöker hitta krafterna igen, men Micke fick ryggskott i tisdags och har varit rätt orörlig sen dess.

Lördagen den 21 maj 2005

Fixarhelg. Vi förbereder inför flytten. I går var Leon på dagis en lång stund på förmiddagen och det gick bra. I går vände han sig faktiskt till fröken och pratade. Måtte han slippa bli sjuk nu inför nästa vecka. Stella fick feber i dag, under eftermiddagen steg den till 39 grader, så jag är förvånad att Leon klarat sig hittills. Han verkar ha bra värden och är rödrosig om kinderna. Men han har varit på ett ojämnt humör i dag med många utbrott.

Måndagen den 23 maj 2005

Två allt piggare barn busar och pratar i soffan. Det är underbart att höra dem, inte bara i glad lek utan också när de börjar försöka lösa sina konflikter själva. "Leon är bara snäll, Stella" och "Leon måste lämna tillbaka Stellas russin". Efter en febrig helg börjar de återhämta sig. I går hade båda två över 39 grader. Leon klagade på ont i huvudet och sa att han ville till "sjusjuset" och ta blodprov: "Doktorn måste lyssna litelite."

Så det blev en sväng till sjukhuset. Precis som jag anade visade det sig att Leons värden var jättefina. Efter blodprovet bad jag att få åka hem i väntan på svaret. Sen ringde sköterskan från sjukhuset och förklarade att han nästan har "för bra" värden. Så den här förkylningen ska Leon fixa själv. Det kan alltid utvecklas till något annat, men nu är han pigg och glad och har nästan ingen feber kvar. Också Agnes är lite hängig och gick motvilligt till skolan i dag med löfte om att hon måste gå hem om hon känner sig sämre. Men då måste hon våga säga till fröken att hon mår dåligt.

Torsdagen den 26 maj 2005

Dagisvecka med glada barn och trötta föräldrar. Eftersom Leons värden är så bra kändes det som rätt tillfälle att skola in. I går och i förrgår blev han ledsen när vi gick men han blev snabbt glad igen och lekte de timmar han var där. Det känns skönt att personalen efter våra möten och samtal nu är lyhörda för Leons behov och låter honom få vila med sagoläsning mellan varven. I dag var första dagen han inte började gråta: han var nervös och underläppen darrade när jag skulle gå, men vinkade och ropade hejdå genom fönstret. De ska sova tillsammans där i dag. Det är andra gången sen han blev sjuk som han sover på dagis.

Nu när Leon mår så bra är det precis som om det blivit utrymme för Agnes att må dåligt. Hon har det svårt med rädslor och tankar på allt som hänt och kan hända. Vi pratar och pratar och försöker ge henne extra mycket tid och närhet. Det är inte lätt att vara syskon till ett svårt sjukt barn när man vet vad det handlar om. I tisdags var jag och Agnes på bio med Barncancerföreningen. Filmstaden höll öppet för några barn med familjer som fick välja mellan två filmer. Barnen fick ta för sig av godis eller chips som de ville. Syskonsköterskan Petra var där och satt länge efteråt och pratade med Agnes. Det var skönt för henne att få den stunden.

Vi har besök av Lena, Leons faster som bor i USA. I dag ska vi upp till sjukhuset för att vara med på en middag med föräldragruppen de har haft under våren. Leon ser fram emot att få åka dit. Men först ska barnen på en helt vanlig 2,5-årskontroll.

Söndagen den 29 maj 2005

Vi har haft härliga dagar med Mickes syster Lena. Agnes har fått massor av uppmärksamhet och varit en mycket gladare tjej. Andrum och städhjälp.

Leon pratar mycket om dagis, sjunger dagissånger, pratar om nästa gång han ska dit: "Då säger mammapappa hej då och går till jobbet. Sen kommer mammapappa tillbaka igen och hämtar Leon och Stella."

Sommarvärme. I lördags var vi till "nya huset" som Leon och Stella säger, valde färger med vår vän Ella och fick en introduktion till gräsklipparen. Och en nyckel. På onsdag blir det på riktigt vårt.

Fredagen den 3 juni 2005

Regnig fredag. Kaotisk tillvaro. Inte bara Leons sjukdom, det vanliga kaoset i en trebarnsfamilj, flyttandet och husrenoveringen. Än en gång har vi fått erfara hur livet kan vara så oförutsägbart och svårhanterligt och att det händer saker som inte får hända när man minst anar det. I tisdags drabbades farfar Erland av en stroke, bara timmar innan han skulle sätta sig i bilen för att åka ner hit med ett släp fullt av verktyg för att hjälpa oss med renoveringen. Det är oroligt, men vi gläds åt att han hämtar sig snabbt och att det finns hopp om att följderna ska bli lindriga.

Men detta vet inte Leon. Han mår bra. Vi njuter av att se honom i gång och framför allt av att han kan gå på dagis och att det fungerar. I går var de på utflykt. Det största intrycket från utflykten tycks ha varit att de tittat på "kaninbajs".

Vi har fått vårt hus nu och börjat renovera. Vi är helt slut och stressade, men det är det en skön terapi att stå där i huset och dra ner gamla tapeter. Leon och Stella tycker allt är spännande: gör båtar av flyttkartonger och packar upp alla packade flyttlådor. För Agnes är det både spännande och nervöst, tillvaron är svårhanterlig för henne också. I morgon åker hon med Micke till Västerås för att hälsa på farfar Erland över dagen, sen kommer de hem sent för att vi ska kunna fortsätta med flyttfixandet.

Tisdagen den 7 juni 2005

Vi är mitt i flyttröran, samtidigt som jag pluggar här på jobbet inför en tenta på torsdag. Leon har varit förkyld i flera veckor men har ändå inte fått feber. I dag har han tagit prover och fått sin andra Vincristinspruta av fem i den här fasen. Nu börjar Leon sin femdagarsbehandling med kortison. Vi hoppas på en lindrig omgång för just nu är han ganska lynnig ändå: de här veckornas "normala" liv har gjort att Leons självständighetsfas har gått i gång på allvar. Han kan själv: åka kana, gå på pottan, klättra, vispa välling. När det är för svårt blir han rasande. Kombinationen med kortison kan bli intressant.

De sista dagarna har Leon verkat tröttare och klagat över ont i ryggen, magen, benen. Nu är han så pigg och värdena så bra, så vi blir inte så oroliga, men ändå ger varje klagan oss kalla kårar. Det var ju så innan vi visste att han hade leukemi. Han kunde inte verbalisera det, men hade ont och vaknade på nätterna och skrek. Nu sover han gott om nätterna, men får ofta ett raseriutbrott när jag kommer med välling om natten eftersom han vill hämta den själv men är för trött för att få ihop det.

Fredagen den 10 juni 2005

Veckan med kortison går förhållandevis bra, även om det märks på Leons humör. Ändå fungerar det på dagis: där ser de inget av kortisonhumöret. Tvärtom njuter han av att vara där, sjunga och klättra och göra nya saker. Varje kväll när han ska sova pratar han om vad han gjort, att han klättrade uppför stegen till rutschbanan själv till exempel. Något har han också känt av Vincristinet, man ser det på hans blick, lite stelare och mer uppspärrad, men han har inte haft nämnvärt ont utan fungerat i stort sett som vanligt.

Tisdagen den 14 juni 2005

I söndags gick flyttlasset. Det känns bra, men det kommer att ta lång tid att pusta och packa upp.

Leon och Stella har klarat flytten bra. Deras rum är nästan klart och de njuter av två helt nya sängar som de kan klättra upp i och ner från alldeles själva. Själva flyttdagen var rörig, framför allt för att Leon kände sig sjuk och var rätt arg. "Leon vill gå till doktorn" – det har han ropat flera gånger den här sista kortisonvändan. Själv kunde jag nästan inte lyfta någonting annat än mina barn. Leon ville bli buren runt hela tiden. Och Agnes blev omhändertagen av min vän Åsa som satte ihop Leons och Stellas sängar med henne: något konkret att göra, precis vad hon behövde.

I går var det blodprovstagning och Stella följde med. I parkeringshuset blev Stella rädd. Jag föreslog att Leon skulle hålla henne i handen. Det tyckte båda var en fantastisk idé. Sen höll de varandra i handen hela vägen in till sjukhuset, när de gick på gatan, inne i hissen. Inne på behandlingsrummet blev det ombytta roller, och Stella höll Leon i handen när han skulle stickas. De kramade varandras händer hårt och Stella blundade vid själva sticket medan Leon sa "aj" innan han intresserat såg på när blodet åkte kana ner i röret. Båda fick plåster. Efter besöket åkte vi till dagis, där de glatt kastade sig in i sandlådeleken.

Värdena är sämre. Det är första gången på en månad han ligger så lågt att vi måste börja tänka på infektionskänsligheten igen. Som tur är har flera barn fått semester på dagis nu och de är bara sex barn där.

På måndag åker vi till Legoland med Barncancerföreningen.

Lördagen den 18 juni 2005

Vi började känna oss kaxiga. Leon hade fått ordination för två veckor och skulle inte in för provtagning ens nästa vecka. Pigg och glad skulle han springa runt på Legoland. Så hade vi vår första fredagskväll i huset, somnade sent, vaknade klockan två av att en feberhet kille satt i sängen och ropade. Jag ringde sjukhuset bara för att få veta det jag redan anade, med 39,3 och värden som hade gått ner i måndags var det inget att be för. Leon var helt med på noterna, glad och pratsam i taxin och efter ett lite jobbigt stick i fingret hittade han en spade i stickelådan (nu vill han hem till huset och gräva i sandlådan). Han somnade till filmen om vilda djur. Läkaren undersökte honom sovande. Hans neutrofila vita blodkroppar är inte mätbara och hans vita är 1,4.

Legoland får bli en annan gång.

I dag lungröntgen. Vi väntar på svaret, men det finns inga tecken på annat än "neutropen feber".

Det går inte att planera livet med de här förutsättningarna, men vi får vara glada att han är så pigg. Vi har bestämt att ingen åker till Legoland nu, att vi försöker åka till Skånes Djurpark i stället på måndag eller tisdag. Så snabbt det går ska vi försöka boka en natt till oss på Hotell Legoland.

Söndagen den 19 juni 2005

Leon har just somnat efter en kväll med prat, sång och cykling i korridoren. Han är pigg. Han är hemma mellan 11 på förmiddagen och 20 på kvällen. Skönt att få den tiden i alla fall. Men besvikelsen över Legolandsresan är stor.

Tisdagen den 21 juni 2005

Sen kväll på sjukrummet. Agnes sover här i natt och ligger och läser *Kalle Anka*. Leon somnade framåt halv elva, helt i gasen efter en dag på Skånes Djurpark, dit vi tog oss efter rond och penicillin på förmiddagen. Det var en bra dag, trots att värmen och vår trötthet tog musten ur oss på slutet. Leon har ivrigt berättat om alla djuren för personalen. Han spanade efter tuppar i dag, och när vi mot slutet kom till Barnens Gård där det finns tuppar så blev han så rädd att vi fick gå därifrån igen. Störst intryck i dag gjorde dock sälarna: till skillnad från våra flickor hade Leon ett fantastiskt tålamod för sälar. Han stod lugnt vid bryggan och spanade mot vattenytan. När ytan bröts och ett huvud dök upp såg han det, även om det var hundra meter bort, pekade och skrattade.

Torsdagen den 23 juni 2005

Äntligen. Vi ruschade hem. Jag ringde Hotel Legoland och det fanns ett familjerum mellan fredag och lördag på Kids House. Jag bokade snabbt ett paket med två dagars inträde och måltider och i morgon bitti sticker vi. Leon och Stella har lekt i sitt nya rum, sjungit "hundar, hundar, går på promenad", gått varv efter varv, småpratat, lekt "fest" och gjort raketen om och om igen. "Hej Stella", hör man Leon däruppe, "jag har varit på fest."

Det känns väldigt skönt att vi ska få komma i väg, inte minst för att vi äntligen får tillfälle att ge Agnes något extra.

Måndagen den 27 juni 2005

Blåsig solig dag. Vi pustar och kompletterar på IKEA. Leon och Stella pratar oavbrutet om Legoland och allt de varit med om. Det var en bra resa för hela familjen. Att komma bort, göra något annat, göra sådant som "vanliga familjer" gör. Visst var det varmt och i omgångar var vi väldigt trötta, men alla tre barnen hade massor av roligt att göra, bilresan gick över förväntan bra.

Fredagen den 1 juli 2005

Leon gör sin fyrtioförsta vecka i behandlingsprotokollet. Somriga och glada barn. Leon mår bra och känns stark och glad. På tisdag blir det högdosbehandling och veckan efter åker vi till Almers hus i Varberg. Vi ska diskutera med läkarna om de inte kan vara extra försiktiga så att inte behandlingen äventyrar vår vecka. Det enda som tillstött den här veckan är soleksem på kinderna, som han fick för att han gick utan mössa en sen eftermiddag i trädgården. Han är extremt solkänslig nu av Metotrexatet.

Vi har pysslat med huset och gjort besök på lekplatser i området. Den nya favoritlekplatsen ligger i Bananparken. Leon njuter av att kunna klättra och använda kroppen helt obehindrat. Han springer runt och gör roliga miner och pratar oavbrutet med Stella, klättrar och åker kana, gungar så högt han får. När det kom en lite mindre pojke dit i kväll gick han ideligen fram och klappade den lille pojken mjukt och försiktigt på huvudet.

Också för Agnes har det varit en bra vecka: hon har fått en kompis i området och umgåtts med henne varje dag. Hon har landat här och tänker inte alls lika mycket på sjukdomar och död nu som hon gjort tidigare. Sen fick hon sin sköldpadda tillbaka. Han har varit hos vänner sen Leon blev sjuk eftersom det finns varningar om reptiler och salmonella. Men efter att jag konsulterat inte mindre än tre läkare på avdelningen vågar vi nu ta tillbaka honom.

Tisdagen den 5 juli 2005

Rapport från sjukhuset. Leons Metotrexat tickar in och han sover gott i sängen. Dagen har gått bra, men själv känner jag mig så trött på sjukhuslivet. Vi kom hit vid nio i morse. Då väntade sköterskan på oss för att sätta nål direkt, ta prover och sätta i gång fördroppet som ska gå i fyra timmar. När det fyra timmarna gått var Leons pH-värde inte högt nog, så han fick medicin för att höja det och när det väl var högt nog hade inte cellgiftet kommit än och vi fick vänta lite till. Märkligt hur sådana småsaker gör en otålig. Men det gör de. Och så det här att få sova på två-sal. Men det är svårt att ta sin egen irritation på allvar när man vet hur sjuka barn det finns här. Och vi behöver inte dela rum på natten förrän på torsdag.

Leon har varit tröttare än tidigare. Tröttheten har mest yttrat sig i en större envishet än vanligt och ingen aptit. Hans värden är helt okej, men de vita har gått ner en del och vi är oroliga att han ska krascha i värdena lagom till vår resa till Almers hus nästa vecka.

När jag går runt här och känner mig rastlös och är trött på att se på National Geographics film om vilda djur för typ femtionde gången, så kan jag inte låta bli att tänka på hur det var i september. Nu är det så mycket normalt liv och Leon är så stark. Vi möter smärtteamet i korridoren och stannar och pratar och det känns så avlägset, att han hade så ont då, att det var så svårt. Här på sjukhuset minns man det mer än hemma, där vardagen blir allt normalare. Samtidigt tänker vi alltmer på förra sommaren, nu när "ettårsdagen" närmar sig. Som det med att bada: vi kan nästan inte tänka på att åka till Dalbybadet, för att vi var där i slutet av juli förra sommaren och han var så olik sig, så trött, så ledsen.

Onsdagen den 6 juli 2005

Stella hade svårt att somna i kväll. "Det är tråkigt att sova utan Leon." Hon upprepade om och om igen hur ledsen hon blivit när Leon skulle upp till operation. Och det märktes också under dagen hur orolig hon blev. Jag, två personal och sängen där Leon låg åkte in i hissen, jag bad henne springa till Micke och Agnes i köket. Sen när jag kom ner utan Leon såg hon bekymrad ut. Och hon kände kanske också att jag tyckte det var svårt – man vänjer sig inte vid att se sitt barn sövas. Ändå går det ju så smärtfritt. I dag var Leon trött och kramade mig men ville ligga ner när de sövde honom. Efteråt sov han länge och var på ett helt strålande och vilt humör under kvällen.

Sjukhusvistelser är påfrestande, hur bra det än går för Leon. Man slår knut på sig för att klara allt, hinna packa upp åtminstone något litet, räcka till för barnen hemma. Sommaren passerar utanför fönstren.

Lördagen den 9 juli 2005

Vi har packat och nattat barn. Vi har röjt ur det som ska bli Agnes rum, för på måndag kommer snickaren och flyttar väggar medan vi är bortresta. Det ska bli skönt att komma upp till Almers hus. Ingenting får stoppa det nu.

Samtidigt har det varit jobbigt för Leon. Han blev tagen efter högdosen. Han har knappt ätit de sista dagarna på grund av illamående, och han har börjat prata med den svaga röst han har när han inte mår bra. Han leker i korta pass och vill vila och sitta i famnen däremellan. Och han har ett skavsår som bara var en blåsa när vi kom in för högdosbehandling, men som nu varar och är rött. Vi behandlar med Alsollösning, men blir det värre i natt måste vi kanske visa upp det innan vi åker.

Söndagen den 17 juli 2005

Ögonblicksbilder. Vi har just kommit fram, packat in sakerna, vi är först av familjerna, går runt och ser oss omkring i den vackra gamla villan och barnen leker i trädgården. Plötsligt står Leon på sandlådans kant och ska gå ner. Han snubblar och faller handlöst mot stenläggningen. Micke kommer rusande in med honom och det är blod överallt, det rinner blod överallt. Ett jack i pannan, vi kastar oss i bilen till akuten på Varbergs lasarett, får gräddfil och får komma in direkt, Leon blir sydd med ett stygn i pannan.

Tidig morgon med de små. Vi turas om att gå på morgonpromenad, så att de andra får sova. Leon och Stella så vidöppna och nyfikna, letar ugglor i skogen, leker vid vattenbrynet, matar trähästen i hotellets foajé där de också sitter uppflugna i korgstolar och dricker en kopp mjölk med kaffe.

Vi åker med strandtåget, det går nästan i cykeltempo, förtjusningen hos våra barn, havet, båtar, vinkande människor längs strandpromenaden. Vi åker mot glassen vid hamnkaféet, jag vet inte vad som är bäst, glassen eller tåget.

Marknadseftermiddag i Varberg, ballonger och karusell. Vi går mot åsneridningen, Leons ögon tänds. Flickorna avvaktar, men Leon vill så självklart rida. Får med stort allvar en hjälm på sig. Sitter rak i ryggen och håller i sig. Allvaret och lyckan. Drömmer nu om en häst.

Agnes i havsvattenbassängen på Kurhotellet, avslappnad, lugn och lycklig. Dyker och hoppar, simmar och kramas. Två gånger om dagen, hon simmar, är i bubbelpoolen och hoppar helt orädd ner i kallvattenbassängen. Kanske är det Agnes som blir mest kurerad av den här vistelsen, kanske är det hon som behöver det allra mest just nu.

Stella reser sig upp i vagnen på kaféet, faller handlöst mot stenläggningen, hård smäll med huvudet i stengolvet, alla engagerar sig. Vi sitter på toaletten med kallvattenomslag och folk kommer in och frågar hur det går. Hon klarar det, men vi har svårt att komma ner igen, först Leons fall, sen detta.

Samtalen med de andra familjerna, alla de korta stunder av förståelse och delade erfarenheter. Vi är så slitna, har så mycket tankar. Vi kämpar alla med att få vara helt vanliga familjer och med att se vad som är viktigt.

Och detta: Stella i telefon med mormor, jag hör henne säga, helt förtjust: "Vi har flyttat till Varberg."

Nu är vi hemma och de har lyckligt lekt med sina leksaker. Leon sover med en häst och en grävmaskin bredvid sig, Stella med en katt hon fick på Legoland. Agnes full av minnen och längtan och samtidigt full av iver inför morgondagen då vi ska hämta en kanin.

Det var sammantaget en viktig vecka. Samtidigt skönt att komma hem till huset igen. Och – som livet nu har blivit för oss – skönt att få åka in med Leon i morgon, få veta hans värden och visa hans sår på hälen och kanske ta hans stygn i pannan. Det var en märklig upplevelse att vara på ett annat sjukhus med honom, alla blev skärrade och visste inte riktigt hur de skulle bemöta oss eller honom. Läkaren blev fumlig när hon skulle sy och glömde säga något om när stygnet skulle tas eller om vi skulle lägga om såret på något sätt. Kanske blev de lite förvirrade av att möta så sjukhusvana föräldrar, kanske visste de inte riktigt hur de skulle bemöta oss.

Fredagen den 22 juli 2005

Slaka efter veckan i Varberg men på gott humör. Leon har mått så där den här veckan. I onsdags var vi till dagvården och han blev av med sitt stygn. Läkaren förklarade att hon halverat Leons dos för att "vi vill ju att han ska ha några vita kvar". Och som Leon mått den här veckan känns det skönt. Han har varit trött och velat vila mycket, trombocyterna är nog fortfarande låga för han får blåmärken otroligt lätt. Men han har börjat äta bra igen och humöret är okej. Dock småfebrig i dag. Måtte det stanna vid småfebrig den här gången.

Efter besöket på dagvården var vi en sväng till lekterapin där de små lekte med Kyle och Agnes pysslade med Kyles syskon i snickarrummet, alltmedan jag och Kati fick tid att prata och dricka kaffe. Det var ett ovanligt tillfälle, alla barnen var nöjda. Lekterapipersonalen tyckte det var fantastiskt att se barnen leka så bra och höll sig i bakgrunden för att inte störa.

Just nu har vi besök av vänner från Stockholm så det är fullt ös i huset. Vi kanske blir lite trötta av allt liv, men småttingarna tycker det är jätteroligt. Leon, som oftast behåller sitt lugn även i de mest stimmiga situationer, njuter av liv och rörelse och nya lekkamrater. Och också för oss är det skönt med några fler vuxna armar och lite mer vuxenprat mellan varven.

Måndagen den 25 juli 2005

När Leon har somnat ligger jag en stund och bara drar in doften av honom. Som måste jag bevara den. För hur mycket man än slår ifrån sig det så kommer tankarna ibland, som hastigt undflyende, eller bortfösta rädslor. Tänk om det kommer en annan dag då jag inte längre kan ligga så här och se på honom. Den lilla tuppen håller han hårt i ena näven, gosen i den andra, napp i munnen. I sängen intill ligger Stella, varm och lockig. Ett ögonblick kan man släppa fram tankarna, sen skjuta undan och resa sig och ta itu igen med livet. Det går inte på annat sätt.

En bra kväll. Leon har ätit i mängder, strålat och pratat. Matat Sköldis, lockat på Sofia, kaninen, byggt med järnvägen. Vi läste sagor länge och pratade om alla djuren, Leon vill mest prata om tuppar. Märkligt denna fascination, som plötsligt slår över i ilska då han kastar i väg tuppen, eller rädsla då en livs levande tupp börjar gala. Det är något den symboliserar, den där tuppen. "Vi skulle alla behöva en tupp ibland", sa Marianne på lekterapin i dag.

Vi har besök av min bror med familj. Agnes är uppslukad av kusinlek. Leon har tagit prover och vi kan konstatera att det var ett bra beslut av läkaren förra veckan att låta Leon få halv dos. Feber närmsta dagarna innebär snabb tur till sjukhuset och en veckas inläggning. Man blir trött av den ständiga anspänningen, att leva med ett barn mer eller mindre utan immunförsvar. Minsta skråma blir potentiell blodförgiftning. Ibland är det väldigt svårt att koppla av.

Jag ska träffa läkaren i veckan och diskutera min sjukskrivning och börjar fundera på hur jag mår. Det jag framför allt känner är trötthet, fullständig urlakning. Har svårt att följa samtal, svårt att bli engagerad på allvar, svårt med höga ljud och många människor. Det är förmodligen en helt normal reaktion i en onormal situation. Samtidigt, och det är ju sagt så många gånger, så kan en sådan här situation också ge stunder av närvaro och lycka i vardagen som är fantastisk. Jag måste skriva det. De stunderna finns också.

Lördagen den 30 juli 2005

Vi är ensamma i huset igen efter nästan två veckor av besök. Trots att vi pustar ut nu och är ivriga att ta tag i uppackning och husfixande, så har det varit härligt att ha huset fullt. Det är så skönt att få lite socialt liv, även om det varit en balansgång mellan för mycket stök och roligt stök. Vi har fått oss ett antal goda middagar serverade – lyxigt – och välbehövlig hjälp med fönsterskrapning.

Micke har börjat jobba halvtid. Mitt besök hos läkaren i går resulterade i halvtidssjukrivning fram till nyår. Jag blev förvånad själv, det känns konstigt att vara sjukskriven så länge, som om jag fuskar. Även om läkaren skrev särskilt att någon ytterligare kontakt med Försäkringskassan eller några rehabiliteringsåtgärder inte är aktuella, så avvaktar jag med bävan deras reaktion. De har blivit tuffa nu, det är flera föräldrar på avdelningen som har fått problem med Försäkringskassan. Vi längtar efter att få ett normalt liv igen. Jag skulle vilja kunna ägna mig mer åt studier och avhandling. Men det känns ärligt talat inte realistiskt.

På sistone har det varit mycket djurliv här hemma. Inte minst för Agnes som fått sin kanin. Lilla Sofia är skygg, vi ska få experthjälp på tisdag på djuraffären, jag och Agnes, så vi vet hur vi ska jobba med henne. Sen har vi fått Sköldis tillbaka, och nu låter vi också Leon leka med Sköldis med noggrann handdesinfektion efteråt. Han är så fascinerad.

Tisdagen den 2 augusti 2005

Behandlingsdag. I dag åkte vi in själva, jag och Leon, eftersom Stella är förkyld och Agnes trött. Leon var ledsen under de timmar vi var på sjukhuset. I dag var det mycket väntan, först på provsvar, sen på cellgifterna som inte beställs från Cytostatikaberedningen förrän provsvaren är klara.

Leon blev läkarundersökt och jag frågade om hans levervärden. De har varit fyra gånger högre än normalt efter sista högdosen, visade det sig, men "vi har haft barn som har 20 gånger normala värden, och vi gör ändå ingenting".

På lekterapin läste vi om tuppar, lekte med tuppar. Annars var ingenting bra. Det var bara Karins bus med sprutorna när Leon fick sin medicin som lockade fram ett leende. Det är mycket "dumma dig" nu, men om man blir arg på honom blir han ledsen och vill tröstas. Även om det är jobbigt med trots och allt som går fel och "jag kan själv" så är det samtidigt skönt att se detta helt normala steg i utvecklingen (kvällens replik, sagt i en följd: "dumma-dig-dumma-dig-gosa-med-dig"). Och det är klart att hans behov av självständighet måste bli extra stort när han mår bra, med den erfarenhet han har.

Fredagen den 5 augusti 2005

Jag önskar att jag hade en inspelningsmanick på mig hela tiden så jag kunde spela in Leons och Stellas samtal med varandra. De har en så härlig kommunikation med varandra nu, så präglad av förståelse och insikt om den andres tankevärld och språk. För Stella är det numera så naturligt med Leons sjukhusvistelser och hans provtagningar. Hon talar om det så självklart, vill trösta när han är ledsen, försöker hjälpa honom när det blir för jobbigt. Som nu: det blir ofta jobbigt för honom när han har kortisondagar. Men hon blir också avundsjuk på all den uppmärksamhet han får. De två senaste dagarna har vi börjat testa mjölkfri mat för henne, vilket vi borde gjort för länge sen. Och hon är tapper, dricker sin havremjölk med något slags stoisk tillfredsställelse.

Vår tillvaro är präglad av Leons kortisonhumör. Men han är åtminstone mindre arg än ledsen, så vi vet att det kunde varit värre. Är han ledsen kan man få trösta, även om man lätt skulle kunna tillbringa hela dagarna med honom i famnen utan att räcka till för flickorna.

Måndagen den 8 augusti 2005

"Heja allihopa, heja allihopa!" Leon och Stella framför teven. De klappar händerna och skriker "heja Kajsa" och "heja Emma". Klättrar på soffbordet, bygger Lego, låter gosedjuren heja framför teven med oss, allt på en gång.

Kortisonveckan blev jobbig framåt helgen. Leon var trött, ledsen och arg. Han kunde inte äta särskilt mycket mot slutet av veckan eftersom han fick ont i käkarna av Vincristinet. Men det onda släppte under helgen och i söndags åt han.

Alla barnen var med i dag på sjukhuset. Efter provtagningen var vi en stund på lekterapin, och barnen var nöjda – Leon läste böcker, Stella byggde pussel och Agnes blev indragen i origamivikande med lekterapifröknarna. Vi känner flera barn som ligger inne nu och som har det svårt. Det är tungt att tänka på och vi följer med oro vad som händer.

Fredagen den 12 augusti 2005

Leons intensitet är fantastisk och utmattande. Han kommer nära med ansiktet och berättar och berättar. Är man inte tillräckligt observant ryter han till: "Lyssna då mamma, lyssna då." Han vill till parken och se "meladerna" (undulaterna). Eller så vill han till alla djuren på 4H-gården. Eller till gungorna. Rör sig ständigt, klättrar, leker, busar. Gör allt han inte får göra. Häller ut mat och mjölk vid bordet. Målar på väggar och golv. Klättrar upp till våra datorer för att leta tuppar på datorn. Försöker få tag på Sköldis genom att flytta på hans bo. Springer ut till vattenpölar i strumplästen. Det är inte att han inte vet. Tvärtom. Vi säger till och han lyser av glädje och trots. Vi blir arga och han blir rasande tillbaka. Kanske ledsen först, men sen går han undan och vänder sig mot oss och ryter med jordbävningskrafter "sluta Micke" eller "sluta Anna". Inte pappa eller mamma, utan våra förnamn.

Och om han tidigare var utsatt för sin tvillingsysters körande med honom, så är det nu precis tvärtom. Det är Stella som är tröttast och det är Stella som får utstå drag i håret, smällar med spadar, knuffar. Eller vi andra.

Inte för att han inte vet. Tvärtom. Han gör det med ett leende, när vi säger till säger han bara "jo, det får man".

Det är en ny sida av Leon. Ett hälsotecken. Han mår så bra att han kan vara den här Leon nu. En manifestation av självständighet och stark vilja.

Tisdagen den 16 augusti 2005

Höstterminen har börjat för Leon och Stella. De hade pratat i dagar om dagis, om att återse alla "kompisar" och träffa fröknarna. Och det gick bra i går, när vi kom dit. Blyg Stella som klängde i knät så länge jag var kvar. Resolut Leon som tog sikte på korgen med pekböcker och snabbt fick båda fröknarna, en i taget, att läsa djurböcker för honom. Han bara satte sig i deras knä, helt självklart. Och sen har det fortsatt så. Vi anade att det skulle kunna gå bra, eftersom vi hade mina systrar som barnvakt i fredags kväll och de små var som solar och somnade snällt i sina sängar. Det var för övrigt första gången vi var ute en kväll tillsammans sen Leon blev sjuk, och vi firade vår femtonåriga förlovning.

Leon mår bra, men är blekare och har några stora blåmärken på benen. Han kanske sjunker i värdena igen. Inget blodprov dock den här veckan. Däremot var han hos tandhygienisten i går efter dagis, gapade exemplariskt och håvade in ännu en tandborste som belöning.

Måtte det fungera nu med dagis. Vi är så trötta och behöver verkligen få vara sjukskrivna på riktigt ett tag, utan småbarn hemma. Om två veckor är det dags igen för nästa högdosbehandling. Han har tid för behandling på dagen ett år efter att han lades in på avdelning 64.

Torsdagen den 18 augusti 2005

Klockan är elva och jag har vinkat av Micke och en feberhet Leon på väg till sjukhuset. Ännu en nattlig vända. Det är nästan två månader sen sist. Fyra bra dagar hann han med på dagis. När Leon somnat för kvällen i dag vaknade han igen av frossa flera gånger och när jag skulle sova hörde jag honom yra om katter. 38,9 visade termometern och det var inte mycket att snacka om. Det blir den vanliga rundan med blodprov, läkarundersökning och lungröntgen. Vi får hoppas värdena är bra, då är chanserna större att han får komma hem igen i morgon bitti.

Leon grät när jag satte Emla på port-a-cathen, protesterade gråtande när jag berättade att han skulle i väg, men ändå ville han åka när han väl kommit ur sängen.

Fredagen den 19 augusti 2005

Kort rapport från jobbet. På sjukhuset har Leon tagit prover både i natt och i dag. I natt var alla värden bra utom de neutrofila som låg precis ovanför gränsen för att få antibiotika direkt. De avvaktade morgonen, och i morse såg det bättre ut. Han är lite röd i halsen och förkyld men febern har gått ner. Så vid lunchtid får de åka hem.

Söndagen den 21 augusti 2005

Varm helg med förkylda barn. Leon har varit småfebrig och ätit dåligt, lynnig i humöret men ganska pigg. Hans feber steg igen på fredagskvällen, men Thomas, läkaren, tyckte han kunde sova hemma eftersom hans värden var bra. I lördags vaknade han nästan feberfri, och sen har det gått lite upp och ner.

En solig kväll på Malmöfestivalen stal vi oss, jag och Agnes, lyssnade på Stefan Sundström. Skönt att komma i väg. Agnes sjöng med till *Johnny Dunder*.

Onsdagen den 24 augusti 2005

Leon och Stella var ivriga åskådare när Agnes gjorde i ordning nya skolväskan och sorterade suddgummin och pennor i pennskrinet. Och precis innan Leon skulle sova i går hittade han en gammal rosa handväska som de brukar leka med och sken upp: en skolväska. Han packade den med saker och hade den bredvid sig i sängen. Lite förvirrat, för sen när han skulle busa innan han somnade så hoppade han jämfota i sängen och ropade att han hade semester.

Jag: "Leon, nu ska vi gå upp och läsa saga och sova." Leon ler stort: "Och Leon har semester. Då kan jag sjunga: Vi gratulerar lilla Leon i dag." Och så spritter han i väg mot trappan, sjungandes.

Torsdagen den 1 september 2005

Leon ligger inne på avdelning 64 för högdosbehandling. Han kom in i tisdags. Hans värden var konfunderande höga. Ingen kan riktigt förklara det, annat än med att han är förkyld och benmärgen aktiv.

Leon var väl förberedd för besöket den här gången, vi hade pratat mycket om det. Det var åtta veckor sen han fick behandling, och vi ville att han skulle förstå vad han skulle göra där.

Lugn och glad, lekterapibesök och korridorspring och filmer i sängen. I går var det sövning. Tjugonde gången på ett år. Vi fick vänta två timmar efter utsatt tid för att komma upp till operation. Väl uppe på operation gick det lika bra som alltid på sistone.

Den här gången har Metrotrexatet försvunnit långsammare än vanligt ur kroppen och han har fått extra motgift för att skynda på. Och Leon är tagen, äter dåligt, vill vila hela tiden. Han har börjat tala med sin ömkliga röst igen.

Det är alltid jobbigt att se det här, hur han trycks ner av cellgifter om och om igen. Som tur var är det bara två gånger kvar. Han blir mer påverkad för varje gång. Kroppen blir väl trött.

Själva är vi tagna av det faktum att så många barn vi känner däruppe mår dåligt och att några familjer har fått beskedet att det inte finns mer att göra. Det är för jäkligt.

Söndagen den 4 september 2005

Leon kom hem i går morse. Han fick först visa halsen för läkaren, eftersom han blivit hes och klagat på ont. Det visade sig att han har många blåsor i mun och svalg av Metotrexatet. Han har dem kvar i dag också, men hans aptit har faktiskt varit bra trots detta.

En bra helg, något dämpad och förkyld Leon, men glad. Ibland, när han ska springa i väg någonstans, stannar han upp och tittar på oss glädjestrålande och säger: "Leon har ingen slang." Han måste inte vänta på oss och droppställningen.

Måndagen den 5 september 2005

Leon har varit på dagis i dag, efter ett besök på dagvården på morgonen för provtagning. Hans värden har sjunkit snabbt. Förmodligen sjunker de lite till i veckan så det är lite osäkert läge just nu.

Å andra sidan: när de lekte ute på dagis cyklade Leon runt på den nya cykelbanan på dagisgården. Här hemma kom den fjärrstyrda leksaksmotorcykeln fram och Agnes, Leon och Stella sprang glada runt vid sandlådan och körde. I helgen tog vi de små till den lilla cirkusen och såg kameler och åsnor gå runt på gräset och beta. Tyvärr skriade båda åsnorna när vi var där, vilket gjorde att inget av barnen ville höra talas om något cirkusbesök senare.

Vi tar en dag i sänder.

Torsdagen den 8 september 2005

Veckan har varit bra och dålig. För Leon har det varit en trött vecka. I tisdags var han ledsen när han skulle till dagis: "Jag har redan varit på dagis ju", förklarade han. Hur tagen han var förstod vi inte förrän vi hämtade och fick veta att han kräkts vid lunchen. Han får ju alltid Kytril intravenöst under den tid han är inlagd, sen brukar vi ge i tablettform några dagar efteråt. I början räckte det att ge under helgen, sen har vi fått öka på, och nu hade han nog behövt ännu längre än sist.

I onsdags var båda barnen hemma. Stella skulle till allergimottagningen på förmiddagen. De var upptagna med det där, att det var Stellas doktor vi skulle till. "Men vi har gått till fel sjukhus. Vi har gått till Leons sjukhus", förklarade Leon när vi kom dit. Vi hade en mysig förmiddag på sjukhuset, även om Stellas pricktest var jobbigt. Positiva besked där. Mjölk och gluten är redan testade, vi har redan kört mjölkfritt i tre veckor. Inga tecken på något av det. Äggallergin är nästan borta. I helgen bakar vi sockerkaka och gör en "provokation". Efter besöket på allergimottagningen var vi på lekterapin. Sen somnade två trötta barn i bilen och jag körde ut till en hästhage vid Hardeberga och lutade mig bakåt i bilen och lyssnade på P2 en stund.

I dag skulle vi försöka med dagis igen. Det var hemskt att lämna och jag var nästan säker på att det inte skulle fungera, tänkte att om de ringer tar jag upp honom till dagvården och kollar värdena en extra gång. Men det gick, han var lite trött bara. Och i kväll har det lättat.

Och så föräldramöte. Kanske är det för att vår situation är så speciell som det kändes svårare än någonsin att smälta allt tal om ambition och prestation och lärande. Som om det var det allt handlar om. Varför talar ingen om trygghet och närhet, fantasi och kreativitet?

Måndagen den 12 september 2005

Redan i fredags vände det. Leon konstaterade på kvällen att "i dag var Leon glad på dagis". Sen har vi haft en bra helg, med besökare både lördag och söndag. I dag var Leon orolig innan dagis och gnällig på väg dit. När jag berättade att vi skulle till Viveka på sjukhuset och ta blodprov sken han upp. Sprang in på dagvården och ropade hej, men tappade humöret något när det visade sig att Viveka inte hunnit dit än. Som plåster på såren fick han en fin tupp av henne från stickelådsgömman efteråt. Han börjar få en fin samling tuppar nu och blir alltid lika glad. Å andra sidan är tupparna också utsatta för en del ilska och slängs bort, så det försvinner många också.

***

Mikael, fredagen den 16 september 2005: *När vi hade lämnat Agnes på skolan frågade jag Leon och Stella med min gladaste röst om vi skulle åka till skogen. De skrek: "näää!" Då frågade jag om de ville åka till havet. De blev glada: "Då kan vi bada!" Jag stängde av radion och deltog i deras ivriga tjatter om bad, fiskar, ankor och om att kasta saker i havet. Vi var ensamma på stranden och Leon och Stella sprang rakt ner till vattnet. Jag ropade "stopp", de ropade "plask" och steg ut i vattnet. Efter en stund gick vi tillbaka till bilen och jag satte på högsta värmen. Vi snirklade runt tills vi kom till hamnen. Där stannade vi för att titta på båtarna. De första två båtarna var kul, sen började Leon kasta sten i vattnet: "Stenen säger plopp." Stella provade lite förstrött, men var inte alls lika road. Plötsligt lyste hon upp: "Tella kastar på båten!" Efter en förmiddag vid havet fortsatte vi vår saltkråkedag på eftermiddagen i Lund med fika, lek i affärer och vid fontänerna utanför konsthallen. Det känns härligt att ha haft en hel dag när vi både orkade och kunde roa oss!*

***

Onsdagen den 21 september 2005

Möte med dagispersonalen i måndags, de kände sig osäkra på vad de skulle göra när Leon har dåliga värden. Vi enades om en reservplan, att han får stanna med de små barnen i stället för gympa, skogsutflykt och sångstund när det brukar vara minst dubbelt så många barn tillsammans.

För några mornar sen satt Leon bredvid en nyvaken Stella i sängen och klappade henne på huvudet. "Jag älskar dig Stella", sa han så fint. Hon värjde sig lite, ville vakna i fred. Men nästa morgon smög hon upp i sängen bredvid Leon och sa: "Gosa lite?" Han kan vara så mjuk och ömsint. Och – som kontrast – så vrålförbannad. "Leon säger till mig", kan Stella ropa, gråtandes, när han irriterat sig på hennes intensitet.

I måndags, efter blodprovet, såg Leon Karin rakt i ögonen, sa: "Jag har inga tuppar hemma." Överrumplad och med viss beundran för hans handlingskraft såg jag hur han sen fick följa med Karin på tuppjakt i leksaksförrådet. Stolt kom han hem med ännu en tupp till sin numera ganska stora samling. Och lika glad är han över alla.

Vi hämtar oss, det är väl det vi gör.

Söndagen den 25 september 2005

Det känns nästan overkligt så bra det går. Leon går på dagis, är glad, leker, äter. Vi känner oss allt starkare. Som att vi för varje dag alltmer vågar glänta på dörren och se framåt, vågar tänka att det går bra. Och ändå kan vi inte riktigt det. Det är 1,5 år kvar av behandlingen och sen följer ett antal år innan man kan blåsa faran över. Många frågar: "Hur går behandlingen?" Många undrar: "När kan ni andas ut?" I det skede Leon är nu görs bara extra benmärgsprover om något är konstigt och man vill utesluta återfall. Leon har fått göra två sådana extra prover och båda har varit rena. Så allt ser bra ut, Leon ser stark ut. Men återfallsrisken kommer att finnas under många år. Ju längre tid det tar innan ett återfall, desto bättre.

Den här helgen har varit både upp och ner. I fredags kväll när vi åt middag drabbades Stella oväntat av en allergisk reaktion liknande den hon fick för två år sen när hennes äggallergi bröt ut. Men nu hade hon inte fått i sig ägg. Hon fick Tavegyl, vi pratade med sjukvårdsupplysningen, åkte till barnakuten. Innan vi kom i väg var Leon upprörd och arg för att han inte skulle få följa med mitt i natten till sjukhuset. I bilen berättade Stella för mig att jag ju brukar ta henne till fel sjukhus, till Leons sjukhus. Hon var nöjd sen på akuten, att ha kommit rätt, men när vi gick en tur till entréhallen för att hämta kaffe så var det plötsligt Leons sjukhus vi besökte igen. Betapredtabletter, ett par timmars lek i korridoren, sen kunde vi åka hem.

I lördags vågade vi oss på en utflykt till Zoo i Köpenhamn. Jag vet inte varför man ständigt gör misstaget att se framför sig en nästan folktom park utan köer, soligt väder och en familj i harmoniskt tillstånd. Harmoniska blev vi inte förrän vi körde bron hemåt på kvällen. Ändå är vi nöjda, det är skönt att göra saker tillsammans, kunna prata om det och minnas. Och Leon var piggast av alla, älskade pingvinerna och sälarna men förklarade efteråt att det roligaste var tuppen, den som gick lös omkring i parken.

Tisdagen den 27 september 2005

Måndagen inleddes med provtagning på sjukhuset, men vi vände på vägen mot dagis när vi hört att magsjukan härjar där. Leon och Stella var hemma i går och i dag för att inte äventyra behandlingen. På eftermiddagen var jag tillbaka på sjukhuset, för att jag och Agnes skulle prata med avdelningens psykolog. Och samma kväll lyckades Micke slå huvudet i badrumsskåpet så hårt att han måste ta sig till akuten och bli tejpad. Det fanns något komiskt över det hela. Inte lika komiskt i dag när Leon fick vänta i tre timmar på att få sitt Vincristin fast vi räknat med att det skulle ta ungefär en kvart. Ibland strular det, det är förstås ingen glad över, men det är otroligt irriterande.

Fredagen den 30 september 2005

I torsdags var Leon tagen redan på morgonen, grät i bilen mot dagis och fick vara hemma. Jag frågade Stella om hon ville vara på dagis och berättade att Leon måste vara hemma och vila i dag. Det är nog första gången jag varit så rak, annars har vi sagt att han ska till sjukhuset. Hon har blivit så stor nu att hon förstår. Lite ledsen var hon – för hon ville ju ha Leon med sig – men hon ville vara på dagis. På samlingen berättade hon för de andra barnen att Leon var för trött och måste vila.

Leon följde mig i hasorna och ville vara i knät hela dagen. Ingen aptit. Somnade urlakad efter ett kort besök på 4H-gården där han gick omkring i trött dimma. Ofta stannade han upp och liksom fastnade. "Hur är det Leon?" frågade jag. "Jag är trött", sa han med svag röst. "Ska vi åka hem och sova nu då?" "Nej, inte än", sa Leon och gick en runda till hos kaninerna. När vi kom hem somnade han nästan stående.

I dag var han piggare på morgonen och vi provade dagis. Han hade varit trött, fröken hade tagit honom på promenad i vagn till biblioteket för att han skulle få lite lugn.

I kväll hände något konstigt med hans port-a-cath. Plötsligt skrek han till och tog sig för port-a-cathen och kliade. Han var röd på huden ovanför, vid ärret. Huden är tunn där, kanske skaver dosan. Det gick över men kommer det tillbaka får vi åka och visa upp det.

I kväll har vi fått besök av Lotta och Viktor från Stockholm. Leon och Stella har lyckligt lekt med Viktors Flexitraxbilar. Agnes är på disco.

Tisdagen den 4 oktober 2005

En sällsynt vecka när Leon inte behöver åka in och ta blodprov. Det är ovant att inte veta, men vi får helt enkelt räkna med att värdena ligger bra och låta honom vara med på dagisaktiviteterna som vanligt. Man kan bara handla utifrån det man vet. Och han ser ut att ha bra värden.

Under helgen har framför allt Agnes fått extra roligt med våra gäster. För Leon har kortisonlynnigheten och tröttheten av behandlingen gått tillbaka de sista två dagarna. Han sover lugnare och är inte lika hungrig på nätterna.

Leon har slutat bry sig om tuppar. Det hänger med någon tupp ibland när han ska sova, men i övrigt är de inte intressanta. Kanske har de spelat ut sin roll. På 4H-gården väljer han helt enkelt bara bort dem, utsätter sig inte för den skräckblandade fascinationen utan stannar hos kaninerna. Häromkvällen upptäckte han att han kunde få ljud i ett munspel, så nu sover han med munspelet bredvid sig. Blåser lite innan han somnar, blåser när han vaknar, bär det med sig till dagis och hem igen.

Söndagen den 9 oktober 2005

Brittsommarväder. I går åkte vi till havet. Barnen plaskade och lekte, vi fick lite ljusterapi en stund. Tidigare på dagen hade Agnes badmintonträning och jag och småttingarna gick en tur till stationen och tittade på tåg. Efteråt lekte vi allihop på idrottsplatsen i solen.

Men i natt vaknade Leon varm och hostig och pratade lyckligt om snögubbar. 39,4 på eftermiddagen, nu inlagd med antibiotikabehandling. Precis som jag fruktat klarade han inte tre veckor med full dos. Han är matt och trött, äter inget men dricker. Lungröntgen ser fin ut. Så fort Leon är piggare får han vara hemma mellan injektionerna. Jag har packat min väska för att åka upp och byta av Micke nu i kväll, sen turas vi om att sova där.

Tisdagen den 11 oktober 2005

Leons feber har försvunnit och han är pigg och glad i dag. Om en stund åker Micke hem med honom över dagen, och i kväll när det är dags för nästa injektion åker jag in med honom. Leon har inga neutrofila alls, vi hoppas de snabbt kommer i gång. I bästa fall kan han få komma hem till helgen, men då måste blododlingarna vara negativa och de neutrofila börja röra på sig.

Torsdagen den 13 oktober 2005

Leon går runt och sjunger här hemma om tuppen och munspelet, som han just nu med stor möda försöker tvinga ner i sina byxfickor. Han har permission och ska snart sova middag. Micke och Leon hade en bra morgon på sjukhuset och gick länge runt i kulvertarna och tittade på tågen som tutade och vinkade när de for förbi i full fart. Leon spelade lite munspel för tågen.

Själv åker jag till Örebro om en timme. Flickorna bor hos morfar Lars om nätterna, och Micke är ganska rörlig med Leon nu om dagarna, så det ska ordna sig. Men inte är det lätt att slita sig i väg från Leon och tjejerna när läget är så här. Jag behöver det, men instinkten att bara släppa allt och vara mamma i det här läget är inte lätt att bekämpa. Hade Leon varit sjukare och inte gått runt och sjungit Lille Katt så vet jag inte om det gått. Nu ser jag fram emot två nätter på hotell. Två sovnätter. För sömnen har varit dålig på sistone, vi delar rum på sjukhuset och det är inte lätt att sova med alla ljud, allt spring, ett annat sjukt och ledset barn i rummet, någon som snarkar eller inte kan sova i andra änden av rummet.

Nu börjar vi se ett slut på den här omgången och Leon är pigg. Om knappt två veckor är det dags igen för högdosbehandling. De här oplanerade sjukhusinläggningarna som vi haft den här veckan är tunga, vi vill ju bara ha lite helt vanlig vardag och få känna att vi kan tänka framåt och planera. I stället sjukhusvärlden, avdelningen, sömnbristen, de andra sjuka barnen, känslan av att allt är så skört.

Söndagen den 16 oktober 2005

Det blev en höstlig och trevlig tur till Örebro för mig och några hektiska dagar här hemma för de andra. Leon fick komma hem på fredagen. Stella sov sin första natt borta utan oss, hos morfar Lars, och det gick bra. Hon hade ju Agnes och hon verkade tycka att det var väldigt spännande.

Sen gick inte lördagen riktigt lika bra. Leon var blek och illamående på förmiddagen och åt ingenting på hela dagen. Han har magrat igen, och inga byxor sitter uppe, han blir snabbt matt. Micke funderade på att åka upp med honom för dropp, men det klarade sig till i dag och nu äter han igen. Stella däremot hade det värre och kräktes hela lördagskvällen. När jag kom hem på kvällen låg hon matt och sov i soffan. Men också hon är pigg i dag. Och Agnes, som har lägerskola i veckan, är förkyld och illamående. Hon får nog vara hemma och kurera sig inför lägerskolan.

Det är höst. Kall och klar luft, vackra färger. Resan genom ett höstfärgat Sverige var härlig. Det var svårt att ge sig i väg, att släppa taget efter ett helt års ständig kontroll och jour och uppmärksamhet på Leons skiftningar. Och så skulle jag plötsligt lämna över allt. Det kändes som ännu ett steg mot ett mer normalt liv. Det fick mig att fundera mycket på hur lång tid det kommer att ta innan vi kan slappna av i vardagen igen. Det är som det är så svårt att våga tänka framåt, våga tänka på den tid när medicinerna är slut och vi ska lita på att det kommer att gå vägen.

101

Tisdagen den 18 oktober 2005

Ni skulle sett Leons glittrande ögon när vi pratade om att han kanske skulle få vara själv på dagis när Stella var hemma och sjuk. Men de fick i stället en lugn och mysig dag hemma. Båda var trötta, och behövde det. I dag däremot var det dags för dagis. Jag blev så förvånad när Leon och Stella tog varandra i handen, glatt pratande, och gick in till samlingen som precis skulle börja. Lite ängsligt följde jag efter, det brukar vara känsligt att lämna precis vid samlingen. "Mamma du ska gå nu", sa Leon, och vinkade förstrött för att sen helt koncentrera sig på fröken. Stella kastade slängpussar. Och jag åkte hem och tänkte förundrat på hur enkelt det kan vara ibland.

Och Agnes kom i väg på sin lägerskola, kom hem igen nöjd men absolut inte frisk än.

Vi försöker skjuta undan nästa veckas högdos i tankarna. Det känns inte alls roligt att Leon ska bli inlagd igen, så tunn som han är nu. Två gånger kvar nu. Jag upprepar det som ett mantra. Men klockan fyra i natt när jag låg vaken hade jag svårt att hitta några mantran över huvud taget.

Söndagen den 23 oktober 2005

Leon pekar på en bild i en barnbok, där en varg bär sin unge med munnen: "Mamma, vargen har ingen famn." Utan övergång börjar han tala om hästar. "Hästar står upp och sover." Och Stella funderar vidare: "Har hästen ingen kudde, mamma?"

Härliga samtal, särskilt när man hör dem diskutera med varandra. Allt oftare leker de tillsammans, som i går med Agnes gamla Barbiedockor, då man hörde dem kikna av skratt däruppifrån. Det roliga, förstod jag, var att klä av dem.

Onsdagen de 26 oktober 2005

I går kväll: en sjungande och glad pojke som aldrig ville sova. Intensivt närvarande, ganska nöjd. Hittills har han mått ganska bra trots behandlingen, som startade i går eftermiddag. Fastan i morse var helt oproblematisk, åka säng till operation bara roligt och precis när han skulle somna in av sömnmedlet kommenterade han alla pipljud därinne på behandlingsrummet.

Jag har just varit och hämtat Leon på uppvaket. Han vaknade tjugo minuter innan det obligatoriska planläget var över – ännu en gång med kommentaren "nu är vi här". Efter en stund bad han om en glass, och den sitter han nu lugnt och äter medan vi lyssnar på Pettsonsånger om tuppar med Bröderna Slut.

Torsdagen den 27 oktober 2005

Jag har pratat med Leon i telefon i i kväll flera gånger. Han låter nöjd, och berättar så adekvat om vad han gör och känner. "Mår du illa?" frågar jag. "Nej, det gör jag inte." "Vad bra att du får så bra mediciner så du inte mår illa", säger jag. "Mmm, men förut hade jag ont i ryggen. Jag har en tupp här." Han är en underbar liten hjälte, om än en lite tröttare hjälte än förut.

Med mig i minnet från dagen bär jag barnens lek i ljusgården på sjukhuset, när vi tagit ner den batteridrivna bilen från avdelningen. Leon som rattar bilen vant med strålande ögon. Stella som åker slalom mellan stolar och tält medan Leon hoppar jämfota av iver. Och Agnes manövrerar bilen, lättad efter en tröttande dag i skolan, nöjd med att vi allesammans var samlade. För det är inte ofta vi är samlade allihop när Leon är inlagd, bara några enstaka timmar på sjukhuset på kvällen, när alla är trötta.

Leon har lottats inför sista fasen av behandlingen, där de prövar en tyngre variant med åtta extra Vincristin- och kortisonrundor under ett år i stället för den normala med bara tabletter. Jag insåg att jag mentalt ställt in mig på den tyngsta. Men Leon får den lättare. Förut har jag tänkt att jag skulle bli rädd om vi inte fick den tyngsta, rädd att det skulle vara just den som behövs för att han inte ska få återfall. Men ingen vet ju, det är ju därför de testar. Och jag inser att rädslan för återfall skulle vi ha ändå. Men den största känslan nu är lättnad. Det känns nästan inte gripbart. Leon har en enda högdos kvar efter den här. En enda Vincristinspruta kvar, och fem dagar kvar med kortison. Efter jul blir det bara tabletter hemma och provtagning på sjukhuset. Tillvaron kommer att bli lättare. Leon får må bättre.

Och ändå låg jag vaken i natt och tänkte alla tankar jag inte orkar tänka. Tänkte på Leons mjukhet och kärleksfullhet och på att det inte går att mista honom. Kanske var det tankarna på framtiden, tankarna på fortsättningen som satte i gång de där rädslorna. Det känns övermänskligt ibland att försöka leva bara i nuet, och samtidigt är det så tydligt att det är bara det man orkar, leva här och nu och inte tänka framåt på det man ändå inte vet.

Tisdagen den 1 november 2005

Rapport från ett hus med fullt ös. Kusinlek och Halloweenglädje för de stora. Höstlovslek av lugnare karaktär för de små. Leon har kämpat med sviterna av högdosen, det har varit jobbigt, men jag tror det vände i dag. Också denna gång har han kräkts – i går morse hade han svårt att komma upp, klagade på att det var en eld i hans mun, jag bad honom gapa så att jag fick titta, tänkte att han hade blåsor, och när han gapade kräktes han. Senare funderade han vidare på elden i sin mun, sa att draken hade kommit och tagit elden, så nu var det bra igen.

De pratar mycket om det, Leon och Stella, om alla gånger de kräkts. ”Jag kräktes i Varberg”, säger Leon. ”Och jag kräktes mitt på golvet. Och jag kräktes rakt i tallriken, plums i tallriken på dagis.”. Stella kontrar: ”Jag kräks när jag åker långt, rakt i bilen, i heeeela bilen kräks jag. Och på lördag kväll kräktes jag, när du kom hem från Örebro.” Och båda vill de ha mediciner ”så att de inte ska kräkas”. Starka ögonblick i snart treåringars liv.

Söndagen den 6 november 2005

Dag för dag har det blivit bättre med Leon. Vi kunde se rent fysiskt att hans värden sjönk, för plötsligt fick han blåmärken på benen igen. Men samtidigt vaknade han till, började äta mer och i dag har han till och med lyckats leka hela dagen utan att sova middag.

Det har varit skönt att ha alla barnen hemma, även om jag och Micke samtidigt har försökt turas om att jobba. Vi har försökt komma ut i höstrusket: i fredags var jag och barnen i Skrylle och gick en 2,5 kilometers runda i skogen. Leon satt mest i vagnen, Stella sprang en hel del och Agnes njöt av att få visa skolans orienteringsrunda. Och i går var vi i Kävlinge och fikade på ett kafé som en vän driver, gick en promenad längs ån och kastade stenar i vattnet. Vi har haft vänner på besök ett par dagar och hittat tillbaka till mer normalt liv igen. Man får inte så stor rörelseradie med det liv vi lever, men det behövs inte alltid. Små utflykter kan vara nog så sköna.

Så i kväll känns det ganska bra. I morgon blir det stick i fingret och besök hos tandhygienisten och sen kanske Leon och Stella kan vara på dagis igen. Båda ser fram emot det. Samtidigt blir det allt roligare för dem att vara hemma tillsammans – de leker intensivt och så roliga lekar, skrattar och busar, leker hundar, katter, monster. I går och i dag har de gett katter, hundar och dockor medicin: "Min docka har leukemi, som Leon", säger Stella. "Hon måste ha medicin."

Fredagen den 11 november 2005

Leon har börjat på dagis igen. Det har varit tröga lämningar, han har blivit ledsen och sammanbiten. Men i övrigt verkar han ha det bra på dagis när väl separationen är överstökad. Han äter. Han vaknar om natten och är hungrig. Just det har kanske inte varit de roligaste momenten den här veckan för oss: Leon vaknar mitt i natten och ropar på glass. Leon vaknar mitt i natten och ropar på kaffe. Både Leon och Stella vaknar halv sex och vill ha välling och sen kan de inte somna om.

Själva pendlar vi mellan att känna oss energiska och helt slut. Många säger till oss att vi verkar ha hittat tillbaka till ett nästan normalt liv, och det har vi kanske, i perioder. Jag har funderat på om det är så, eller om det bara är så att vi hittat ett sätt att leva i det här, att ta vara på bra stunder och verkligen göra saker då, för att man aldrig vet hur det blir sen. Jag åkte själv till Köpenhamn i onsdags, för att träffa några gamla arbetskamrater på kvällen. Jag hade sett fram emot att komma i väg och strosa själv, men när jag väl kom fram till Köpenhamn kände jag hur tröttheten tog över allt och jag bara längtade hem till mina barn.

Andra säger att vad skönt att ni närmar er slutet, och det är klart, vi närmar oss hela tiden slutet. Och alldeles snart är det slut på de intravenösa behandlingarna, alldeles snart är det slut på de jobbiga biverkningarna och planerade inläggningarna. Men. Vi har några veckor kvar till halvvägs. Sen är det 15 månader kvar.

Lördagen den 12 november 2005

Det är en ödets ironi att Leon nu är fast för jag vet inte vilken gång med penicillin intravenöst. Jag insåg redan vid nattningen i går att nu blir han förkyld och i natt får han feber. Vid elva vaknade han och frossade och hade ont i huvudet. 39,2. Order från sjukhuset: ge Alvedon så ringer vi tillbaka. Vi väntade, Leon piggnade till, pratade på och ville att de skulle ringa så att han kunde få åka taxi mitt i natten. Det tog nästan en timme innan de ringde tillbaka, sen fick vi ge oss av med en lycklig Leon. Han blir alltid euforisk av feber. Prover och läkarkoll och lite sömn och jag var så säker på att värdena var bra nog, att vi skulle få åka hem. Men nej. Beskedet om vad som skulle hända kom nyss, det är mycket att göra på avdelningen och Leon som skuttar runt i korridoren har knappast hög prioritet. Men nu vet vi. Leon väntar på röntgen. Den här gången får han en annan sorts antibiotika med sex timmars mellanrum, så tyvärr blir inte permissionerna lika långa som förut.

Det är otroligt tröttsamt.

Söndagen den 13 november 2005

Lungröntgen i går visade mindre förändringar i ena lungan, ovisst vad det innebär, men det skulle kunna vara en lunginflammation på gång. Själv är han på strålande humör, låter täppt och är matt i ögonen. I natt sover vi på sjukhuset och i morgon ska läkarna diskutera om han ska få en annan sorts antibiotika som bara behöver ges en gång per dygn.

Vi har vinkat av mormor Britt-Marie vid tåget. Det var trist att Leon åkte in på sjukhuset när hon var här men bra att hon var här när han nu åkte in. Det blir lättare att orka med allt det där upp-och-nervända när man har sällskap.

Måndagen den 14 november 2005

Man vill ju bara att det ska bli bättre och bättre. Men Leon blev faktiskt sämre i går kväll. Tröttare, andfådd, hostig, mörk under ögonen, småfebrig. Samtidigt hektiskt i gång och somnade sent. I dag beslutades en ny lungröntgen. Och den visade inte alls det vi ville, det har blivit värre och är utan tvekan en lunginflammation. Han är kvar på sjukhuset, ledsen och trött. Mellan varven hektiskt aktiv men trött i blicken. "Ska jag vara länge på sjukhuset?" frågade han ömkligt. "Ska jag inte hem då?" I morgon ska läkarna titta noga på röntgenplåtarna från i dag och besluta om han ska byta penicillin.

Hemma har Stella utmanat mitt tålamod, det märks så tydligt att det blir jobbigt när vi turas om att bo på sjukhuset. Men det är viktigt att vi gör det. För alla. Hon somnade med handen i min, efter många ilskeutbrott.

Och det är så många vi tänker på nu, på sjukhuset, som kämpar med så svåra saker, med återfall och väntan på besked. Och vi känner förtvivlan för den familj som inte längre har något hopp, som kämpat så länge.

Onsdagen den 16 november 2005

Leon sover middag hemma på permission. Det känns som det har vänt, han är piggare i ögonen, fortfarande trött, lite mer hostig men inte lika andfådd. De satte in ett annat penicillin i går, som är mer effektivt mot just lunginflammation, och som behöver ges tre gånger per dygn. Så nu är han hemma från lunch till kväll. Skönt.

På natten far tankarna runt i huvudet. Det gäller att somna fort och inte bli väckt. Det går inte att hålla det svåra ifrån sig just nu. Men att få vara tillsammans hemma är mycket värt: i dag skippar vi pizzakvällen på avdelningen och köper egen pizza i stället.

Fredagen den 18 november 2005

Leon somnar i sin egen säng i natt. Permission över helgen hemma, med flytande Kåvepenin i stället för intravenöst penicillin. Men när han fick kvällens dos skrek han uppgivet att han hellre ville sova på sjukhuset. Röntgen i dag visade samma som sist, det har inte blivit värre men inte heller bättre. Nytt besök på måndag, då görs en ny utvärdering och så ska de ta ställning till om Leon ska få sin behandling som planerat nästa vecka. Just nu stiger hans vita blodkroppar, som en följd av lunginflammationen och att han inte fått någon underhållsbehandling senaste veckan. Men han kan inte få sin behandling förrän lunginflammationen är på väg att läka ut.

Trots allt tycker vi att vi hade tur. Vi kom in till sjukhuset med Leon innan lunginflammationen hann bryta ut ordentligt. Nu stannade det vid en liten infektion i ena lungan. Han har fått vara ganska pigg hela tiden. De sista dagarna har han blivit klart bättre, men inte helt bra. Tröttsvackor och halvdan aptit. Vi har fått kaloritillskott av dietisten, men inte heller det tyckte han var gott. Han är inte lättövertalad, Leon, när han väl sagt nej.

Men det har varit en tung vecka.

När Leon blev sjuk, för 15 månader sen, och vi befann oss i känslomässigt kaos, tog en mamma kontakt med mig i köket och pratade. Hennes stöd och förståelse var så viktigt. Vi var inte ensamma. Hennes son spelade fotboll i korridoren. Han var sex år och hade haft cancer sen han var två. Och när Leon satt i barnvagnen, chockad och rädd och med ont, så var det hennes son som blåste såpbubblor för att få honom att skratta.

Nu finns han inte mer. Det är så svårt, så obegripligt sorgligt och orättvist. Och våra tankar går hela tiden till hans familj.

Det är en svår värld att vara i. Och en stark värld, fantastiska föräldrar, fin personal som ger så mycket och finns där för barnen och föräldrarna. Mitt i allt det svåra finns viljan att ha roligt, att se det friska, att se livet. Och det gör man också, man ser de som mirakulöst klarar sådant de inte skulle klara, man ser ett leende hos ett barn man inte sett le förut. Det är stort.

Och så ser vi Leon, så som i går kväll när han struttade runt i rummet, pigg efter en flaska välling. Ideligen sprang han in på toaletten och tvättade sig och hällde vatten, ideligen tog av sig blöjan och gick stolt och slängde den i papperskorgen. Han rymde ut i korridoren med tandborsten i högsta hugg, håret på ända och full av energi.

Världen försvinner runt oss sådana här veckor, men nu är vi här, tillsammans, hemma. Det är det som betyder någonting.

Måndagen den 21 november 2005

Leon och Stella leker koja med leksakskorgarna. Skrattar vilt och pratar oavbrutet. Man kan inte tro att det finns någon lunginflammation där om man ser honom nu. Och inte har han haft någon feber i dag heller.

Läkaren som undersökte honom i dag hörde att andningen var dämpad på ena lungan. Med tanke på att lungröntgen i fredags visade att ingenting förändrats sen måndagen så bestämdes att han ska fortsätta med antibiotika en vecka till, nu en kraftigare sort som kan ta andra varianter än de vanliga pneumokockerna. För säkerhets skull. Han har kommit så långt i behandlingen att läkarna menar att det inte är tal om att fortsätta med cellgifter förrän man är säker på att lunginflammationen försvunnit. Så sista Vincristinet får vänta, en vecka till.

Det positiva i det hela är att han får fira födelsedag på torsdag utan kortison och utan ont av Vincristinet.

Vi har varit trötta och ledsna i helgen. Men det var skönt att vara tillsammans. På söndagen bestämde vi oss för att göra något vi tänkt på jättelänge: vi åkte i väg och köpte hallmöbler, städade upp i hallen och fick fint. Jag bakade pepparkakor med barnen och ett par grannflickor.

I morse vaknade Leon och Stella båda två i vår säng. Såg varandra och log. Rullade ihop sig i en stor kram. Nu går två vilt skrattande och pratande barn uppför trappan med korgar på huvudet för att hoppa i vår säng. Agnes badar och hon hojtar på de små för att hon hemskt gärna vill bli störd av två plaskande treåringar.

Onsdagen den 23 november 2005

Agnes fyller elva år. För en treåring är det kanske inte helt lätt att förstå att storasyster fyller år dagen före man själv ska firas. Dessutom är det julafton snart. Det har varit mycket prat om födelsedag och fira och jultomten och paket och det är inte helt glasklart, säger jag bara.

Torsdagen den 24 november 2005

Presenthavet öppnades i stor glädje. Det enda som inte var någon succé var den docka vi köpt till Leon för rättvisans skull. "Lägg tillbaka den", var Leons omedelbara replik, förvånade la vi tillbaka den i paketet.

Han hade önskat sig en tupp. Han fick två.

För tre år sen låg jag med intensivvård med något slags cirkulationssvikt och såg i ett töcken hur Micke tog hand om de små. För ett år sen var vi på sjukhus med Leon som blivit firad av både personalen på avdelningen och lekterapin. Men i år hade vi en födelsedag som den ska vara, med ett hav av presenter och uppspelta barn och till och med ett litet improviserat kalas på kvällen med Clara, en dagiskompis som kom förbi för att fira.

Måndagen den 28 november 2005

Frisk Leon, advent, snö och så: sista Vincristinet.

Vi har njutit årets första snö med vilt snöbollskrig i trädgården. Vi har firat advent, med lussebullsbak.

I dag var vi inne för provtagning på morgonen. Leon och Stella jublade över den stora julgranen mitt på ljusgården, den som Leon njöt så av förra året. Kanske kände han igen de jättelika kulorna, han stod länge och tittade på dem också i år. På dagvården gick det snabbt, och barnen hoppade glada runt Kyle som liksom Leon drabbats av lunginflammation. Leon utstod sitt blodprov utan att säga mer än ett lite irriterat "aj". Jag hade plötsligt blivit nervös. Jag drömde otäckt i natt om återfall och sen träffade vi en orolig familj som väntade på att få ett återfall bekräftat. Men Leons värden var bra.

I morgon får han sista Vincristinet. Och sista kortisonet. Det känns overkligt. Leon har fått sammanlagt 15 injektioner av Vincristin sen han blev sjuk, om man räknar in morgondagens. Det är troligtvis Vincristinet som gjorde att han fick så ont att han behövde morfin dygnet runt i ett par månader, som gjorde att han inte kunde gå längre. Det otäcka med Vincristin är att det kan ge livslång påverkan på fin- och grovmotorik. Och än kan han inte alls springa som Stella, även om det har blivit bättre.

Också kortison kan ge seneffekter, både kognitiva och motoriska, men det vill vi inte fundera på nu. Just nu vill vi glädjas åt att det är sista gången.

Leon fick sin sista dos antibiotika i morse, Micke sin första i kväll. Man kan tycka att vi borde lärt oss att inte vänta för länge med att söka hjälp när något är fel, men det gäller tydligen inte alla här hemma, för Micke ligger nu utslagen med svår tandinfektion och en sprucken och död tand som ska dras ut senare i veckan.

Fredagen den 2 december 2005

Leon ligger på soffan och ser på Teletubbies. Stella ville vara på dagis, for glatt i väg för att trä pärlhalsband med sina kompisar. Leon ville inte vara på dagis, "jag är trött i dag, jag är lite sjuk". I natt vaknade han många gånger och var ledsen eller hungrig. Micke sov tungt av värktabletter efter att ha fått ut halva sin tand i går. Agnes sprang från bilen till skolan med andan i halsen, hennes försena ankomst den här dagen berodde på tuppen, som vi inte fick åka utan och som vi till slut hittade bakom elementet. Och jag slängde igen bildörren på mitt pekfinger som är ganska blått och ont nu.

I perioder handlar allt bara om att hålla sig flytande, ta sig igenom dag efter dag.

Tre hela och två halva tabletter kvar av kortison. Jag skulle gärna skriva någonsin, men vågar inte. Den här rädslan när behandlingen trappas ner är just nu alldeles för stor. Inte för att vi har någon anledning att frukta återfall om vi tittar på Leon. Men för att tanken alltid finns där och för att medicinerna trots allt ont de gör är en trygghet.

Nu vill Leon sova säger han. Han har tappat bort min tupp, säger han, den som jag ska ha när jag ska sova med honom. Jag vet att jag skrev en gång att tuppar inte var så intressant längre. Men det var en tillfällig grej. Det är tuppar som betyder någonting.

Måndagen den 5 december 2005

I dag är det blodprov, vi ska till Viveka och Neta. Leon hoppar glatt i hallen. "Sen ska vi till dagis." Han känns så stark och glad och rödrosig. Kortisonveckan är över, den sista. Vincristin-ontet är över, det sista. Och han sov gott i natt, för första gången sen i tisdags.

I bilen, när vi vinkat hejdå till Agnes, sjunker han ihop. "Jag tänker på sticket", säger han. "Jag är rädd för det." "Du kan hålla Stella i handen", säger jag, och jag hör hur de gosar ihop sig i baksätet. Väl framme har han sjunkit ihop ännu mer och jag får bära honom in. Vi kommer in på dagvården och är ensamma där, Neta tar hand om oss direkt så vi slipper klä av Leon. Stella väljer ut ett suddgummi till Leon i stickelådan, sen sitter hon på britsen bredvid mig och Leon och håller Leon i handen. Sticket går fort. En tur runt julgranen på ljusgården, in i bilen och i väg. "Jag tänker på dagis", säger Leon. "Jag vill inte till dagis. Jag är blyg. Jag är rädd för Aina."

På dagisgården stannar han. Står tyst och sammanbiten. Sen säger han: "Jag ska säga till Aina att jag är blyg." Jag får bära honom nerför trappan, sen går han in på dagis, till fröken Aina i hallen, och jag hör honom säga:

"Aina, jag är blyg för dig." Håller avstånd. Stella börjar leka med tåget och Leon står med napp och gose och vinkar och kastar slängpussar när jag går. Han har hunnit säga till alla fröknarna att han är blyg. Och för en gångs skull lämnar jag dagis ganska lätt om hjärtat. Han klarar det där, om en stund är han i gång och sjunger på samlingen med de andra, jag vet det.

Vi besökte Brios Lekoseum i helgen. Det slutade med stor jakt efter Leons tupp i butiken. Han hade förlagt den någonstans. Hon som förestod butiken utlyste skattjakt med fin belöning för den som hittade tuppen. Till slut såg han den själv under ett flak på en traktor som en liten pojke lekte med. Jag frågade den lille pojken om han hittat tuppen, han nickade blygt men sen blev allt för mycket för honom och när vi gick därifrån kom pojkens mamma med belöningen som de kvitterat ut, de hade bestämt att Leon skulle ha den själv. Det visade sig vara ett stort set Briojärnväg. Jag var så rörd över den där gesten, att de utlyst den där skattjakten och förmådde inte lämna tillbaka järnvägen, det skulle ju förta det hela. Så vi åkte hem med både tupp och järnväg.

Och Agnes hade filmkalas för sina nya vänner i området, lugnt och mysigt. Hon var så glad sen. Jag vet inte om det har hänt förut att det varit så okomplicerat i ett tjejgäng, att hon känt sig så hemma. Ändå har hon inga planer på att byta skola, det är nog bra så här, med ett alldeles särskilt gäng när hon kommer hem.

Att vi har kommit så långt. Att vi redan är här. Att Leon mår så bra. Att jag kan tänka att jag kanske ska gå upp i tid till våren, jobba 75 procent i stället, jag kanske fixar det nu.

På besöket på Lekoseum träffade vi familjen till en pojke som dog för ett drygt år sen. Det var skönt att se dem. Vi pratade en del om den där sista tiden, om hur de haft det under året och om hur det känns nu. För oss var de där veckorna för ett drygt år sen det första mötet med det allra svåraste i det här sjuklivet vi lever – att ett barn dör. Det går aldrig att förlika sig med. Men det var så skönt att möta familjen igen.

Regnet öser ner ute, jag ska snart i väg till jobbet och jag sitter här och känner att allt jag skriver blir så fragmentiserat. Men det är så nu. Kraftiga kast mellan det svåra och det vackra, det trötta och det glada. Kast mellan oro för barnen som inte har det bra på sjukhuset och glädje över de barn som får det allt bättre. Och trots all smärta vi varit med om och sett det här året kan jag i perioder känna en så stark känsla av tacksamhet. Att det finns så mycket att vara så tacksam för. En pirrande lycka över det vi har.

Lördagen den 10 december 2005

Leon har varit på dagis den här veckan. Hans värden var höga i måndags och hans medicindos höjdes så att han fick en rekordstor dos Metotrexat i tisdags. Vi börjar tänka bort sjukhuslivet, tänka vardag och julförberedelser. I mellandagarna har Leon sin sista högdosbehandling.

Hösten har varit så fylld av dåliga nyheter från sjukhuset. I dag fick vi höra om ytterligare ett återfall. Det är så otroligt tufft att först kämpa i flera år, bli frisk, få börja på dagis igen och leva ett normalt barnliv. Börja andas ut, se framåt. Och sen åka dit igen.

Vi är fullständigt slut. December med tre barn varav två treåringar – vi skulle troligen varit utpumpade även utan Leons sjukdom och sjukhusliv. De här vilddjuren i huset kan få vem som helst på knä och är man redan där blir det lite för mycket när ett barn målar med tuschpennor på soffbordet, ett annat blöter ner toapapper på toaletten medan en av oss försöker plocka upp duplot som ligger utspritt på hela vardagsrumsgolvet, tillsammans med bondgårdsdjur och briojärnväg. Den andra av oss försöker laga mat medan Agnes förtvivlar över att hennes Playmobilvärld är förstörd eftersom vi inte märkte när småttingarna tog sig in i hennes rum.

Tisdagen den 13 december 2005

Att se Leon på lucia med alla andra barnen. Förra året gick han med i tåget i min famn, trött och ledsen, med sondslang i näsan. I år var det nästan lika många föräldrar som barn i luciatåget, storögda blyga barn som kom i gång att sjunga på slutet. "Det blir lättare för barnen om alla sjunger", sa fröken, och alla sjöng, morföräldrar och farföräldrar, föräldrar och syskon. Efteråt dansade Leon och Stella lyckligt med varandra när spänningen släppt. I dag var både morfar Lars och farfar Erland med på luciafirandet.

Söndagen den 18 december 2005

De små var trötta i kväll, Leon gosade in sig och somnade på tvären, men sover oroligt. Han drack ingen välling, har knappt ätit någon mat. Värdena är kanske lägre. I dag var han trött och hängig, ramlade i trappan, fick bulor och blåmärken. Jag blev rädd när det visade sig att han slagit i port-a-cathen. Vi får kolla det i morgon på dagvården.

Mat är nog det vanligaste samtalsämnet bland föräldrar på avdelningen. Den ligger så djupt, instinkten att man vill se sitt barn äta. Leon ställde sig på vågen alldeles självmant efter badet i kväll, "jag ska väga mig". 13 kilo. Han har alltså gått ner igen, trots att han haft en bra vecka, pigg och glad och med aptit.

Jag städade ur medicinskåpen i dag. Det är absurt hur många mediciner vi har. I dag slängde jag alla attiraljer till sondnäringen och en del gamla sondnäringspåsar. Leon hade sin sond i fyra månader och sen en kort period efter sin magsjuka i vintras. Glädjestrålande såg han sina sondnäringspåsar i dag. "Slangmat!" ropade han.

Leon och Stella pratar mycket om Leons sjuktid, när han var riktigt sjuk. Som konversationen vid nattningen häromdagen:

"Mamma. På gamla hemma. Då. Då sov jag i den lilla sängen", säger Leon. "Då vaknade jag på natten och skrek. På gamla hemma. Då tog du upp mig på natten, då fick jag komma till din säng på natten."

"Det var när du blev sjuk, Leon."

"Nu är Leon frisk", säger Stella, "jag hjälpte Leon så han blev frisk, mamma. Jag gav honom medicin."

Det är en fin bild. Stella pratar ofta om att hon hjälpte Leon så han blev frisk. Hon jublar över att han är frisk nu och kan leka. Och de leker.

Julafton 2005

Förkylning med hög feber och hosta för båda barnen, i tur och ordning. Kanske inte precis vad vi hoppats på, men eftersom värdena var höga och fina i går så fick vi avvakta lite. Om hostan blir värre blir det röntgen. Åtminstone fick vi vara hemma i dag.

Juldagen 2005

Det var rätt beslut att inte åka upp till avdelningen i går. I dag är febern borta. Vi vet inte hur det blir med Leons planerade sista högdosbehandling på tisdag. En dag i taget. Vi har jul, så mycket vi kan. En dag i taget.

Torsdagen den 29 december 2005

Snön yr. Leon leker med Lego i sängen. Han har just fått Kytril, och mår bättre igen. Tidigare satt han i min famn, var arg, ledsen, illamående, hungrig och sa "dumma leukemin". Vi pratade om den gula medicinen, att han blir trött och mår dåligt av den, men att den tar bort den dumma leukemin. Det är många led där som är svåra att förstå. "Jag är sjuk. Dumma leukemin." Det är det som går att greppa.

Annars har det gått bra, Leon är rutinerad. Vi går runt uppfyllda av en känsla av något stort. Sista gången. Och det känns som vi kan ta ett steg bakåt och titta. Så mycket har ändrats på de här 15 månaderna.

Som sövningen. 21 gånger har Leon blivit sövd. I början hade han stora problem på uppvaket och måste fortsätta sövas därinne för att inte vara hysteriskt skrikande mellan sömn och vaka. Nu vaknar han och känner igen sig. Oftast med orden "nu är vi här". Han vet vad som ska hända när han blir sövd. I går pratade han med narkossköterskan tills han somnade. Svarade allvarligt och log svagt åt skämten.

Eller clownen. Det är så härligt när sjukhusclownen kommer. Hon börjar bli någon Leon vågar prata med, även om han är blyg. I går fick hon honom med på bus, de kastade pappersbollar på sköterskan. Han var så stolt att han vågade men gömde sig sen sig blygt bakom min rygg.

Nyårsafton 2005

Vi är hemma tillsammans för att fira in ett år som ska bli ännu bättre. Vi känner oss hoppfulla och tacksamma. Vi håller kvar känslan så länge vi kan, men vi vet att rädslan kommer att slå sina klor i oss många gånger till under de närmaste åren.

Alla barnen har varit glada att vara tillsammans. Stella har berättat för Leon hur mycket hon älskar honom, Leon har skrattat åt det mesta. Men visst är han trött och blek, och visst mår han illa av och till och äter dåligt. Ändå känns han stark, sjunger, leker och har åkt pulka i dag.

Söndagen den 8 januari 2006

Här i vår bubbla är allt bra. Vi har haft det lugnt. Suttit ner i soffan och bara tittat på leken. Expansiv lek. Det börjar ofta med duplobyggande. Hus till tuppen. Leon och Stella samtalar intensivt och bygger och bygger. Sen flyttar de in i lektältet som blivit ett sjukhus och Leon är doktor och Stella har ont överallt. De hämtar kuddar och täcken från övervåningen och bäddar sängar till sig själva och gosedjuren för en stunds vila. Sen stafett, från ena delen av huset till den andra. Sen kanske aningen mindre lugnt när Agnes ansluter sig, det tippar lätt över i alltför snabbt, högt och mycket. Men roligt har de.

Men vi har fått sorg. Min farbror dog i veckan. Vi har fått för mycket död de sista åren, det är tungt.

I kväll har vi haft vänner på besök. I morgon börjar vardagen för Leon och Stella, först blodprov för Leon och sen dagis. "När vi är på väg till dagis så säger jag att jag är lite blyg", sa Leon innan han skulle sova. "Jag är med er en stund så känns det bättre igen", sa jag.

Onsdagen den 11 januari 2006

Legolekprat.

"Neeeje, du är dum", säger Leon.

"Nej, jag är inte dum", säger Stella. "Jag är bäst. För annars får jag inget paket."

De bygger och bygger. Tuppen ska bo där. Där ska tuppen gå ut.

"Vad är där inne?", frågar Leon.

"Det är tuppen, är där inne", svarar Stella. "Lyckas. Jag ska lyckas. Eller ska det vara blått."

"Mmm", säger Leon.

"Eller ska det inte bli blått", säger Stella. "Det kan bli rött. I stället. Tuppen var där. Vi måste flytta den här lilla smörjan. Det är min smörja. Du får inte ha smörjan. Det är inte din smörja."

"Jag tade smörjan.", förklarar Leon.

"Det är inte din.", säger Stella. "Det är faktiskt min smörja." Hon tar tillbaka hudkrämen.

"Nej, jag ska bara prova lite", säger Leon. Han försöker slita den ur Stellas famn.

"Kan du vara en bebis Stella?", ropar plötsligt Leon.

"Nej, jag är ingen bebis", förklarar Stella. Leon tar hudkrämen från henne.

"Du ska bara prova lite va", säger Stella. De smörjer in sig. Det är dags att gå och ställa upp hudkrämen på hyllan, så att de inte blir helt genomsmorda.

Vardagens skjutsande hit och dit är utmattande. Jobb och hem, sjukhus, skola, dagis, läkarbesök, kulturskola, teater. Dagis har börjat strålande och båda de små är glada när de kommer dit, glada när de ska gå hem.

Men Leons värden är låga.

Söndagen den 15 januari 2006

Ibland får vi höra att vi är duktiga. Men är vi? Det är så kluvet. Klart vi förstår att det är något positivt man säger. Något man säger för att stötta. Men man vill inte höra att man är duktig. Om man är tvingad att vara duktig, är det att vara duktig? Är det inte som att duktig är ett ord som har i sig något slags frivillighet? Men när man inte har något val, när man gör det man måste göra, för att man gör allt man kan för sina barn, för att det måste gå, för att man måste ta sig igenom. När man känner sig på randen av vad man orkar och bara tuffar på. Då är det inte duktig man vill höra att man är. Det finns inget man hellre vill än att slippa vara så förbannat duktig. Duktigheten som förbannelse.

Och man klarar det inte, men man måste ändå göra det. Man orkar inte, men man måste ändå göra det. Faller ner i självömkan, ilska, övergivenhet, besvikelse – på familj, vänner, släkt, personal.

Och så skärper man sig, försöker tänka konstruktivt, klokt. Inte för att man nödvändigtvis vill, utan för att man måste. Överleva. På bästa sätt.

Andra gånger finns kraften bara där. Lyser ur barnen som leker. Kärleken. En styrka som tar en i handen och drar en vidare.

En vän skrev precis i början, när Leon blivit sjuk: "Vad ska man säga. Kanske att inte vara duktig. Låta allt annat blekna. Finns det något annat sätt." Nej, det finns inte. Allt annat bleknade. Vi blev en bubbla av närhet och allt handlade om det, att ta sig vidare, överleva, hålla om barnen och känna deras doft.

Nu har vi på något sätt börjat ta oss ur den där bubblan och börja leva ett alltmer vanligt liv. Men fortfarande är det mycket annat som är blekt och oviktigt och även om vi behöver och mår bra av våra jobb så får nog jobben aldrig samma betydelse igen, inte på samma sätt. Livet är något annat nu. Vi kanske har blivit visare. Men det finns inget vi hellre önskar än att vi aldrig behövt bli det. Inte på det här sättet.

Leon mår bra. Efter några dagar när det kändes som febern var på vippen att komma hela tiden och han pratade med sin svaga röst, så har han nu blivit vårt piggaste barn. Han hoppar, skrattar, sjunger, brottas, kastar lego, åker rutschkana och äter. Det är fantastiskt. Jag tror till och med han går upp i vikt.

Fredagen den 20 januari 2006

Protokollets 487:e dag. Mickes födelsedag.

Leon mår bra, är trött efter dagis, men det är ju de flesta barn. Utom Stella kanske. Medan Leon gosar i soffan på kvällen springer Stella fram och tillbaka genom huset, hon "tränar" och sjunger samtidigt, "mamma jag blandar alla sånger" och med jämna mellanrum stannar hon och känner på sina ben: "Mina ben blir tjocka nu, så jag kan springa snabbt, snabbt." Sen springer hon igen, rödrosig och andfådd och full av energi. Leon tycker det är roligt att titta på henne, sitter trött och ler. Hans värden har varit låga, men är på väg upp.

***

En lista.

1) Hör av dig. Det spelar inte så stor roll vad du säger. Det viktiga är att du säger något. Att du visar att du finns. Att du inte försvinner för att du är rädd att säga fel.

2) Var inte rädd att fråga om sjukdomen. Vi är inte rädda att prata om den. Den är det liv vi lever i nu. Fråga. Om vi inte vill eller orkar prata om det så säger vi det. En del hör inte av sig för att de är rädda för att höra hur det är. De kanske är rädda att göra saken värre för oss eller rädda att bli ännu räddare, rädda att höra något outhärdligt.

3) Var inte rädd för att störa. Var inte rädd att komma med "oväsentligheter". Problemet är snarast att man blir isolerad i den här situationen, och man behöver vardag, behöver normalt, behöver små saker. Kanske orkar man inte alltid engagera sig. Kanske blir man en ganska egocentrerad typ. Men man blir inte sårad av att höra om andras vardag.

4) Praktiskheter. I början, när allt är kaos, är bara det att få mat på bordet ett stort problem. Att få familjen att fungera. Det absolut viktigaste, som jag själv inte hade en tanke på tidigare, är att det inte fungerar att säga: "Säg till om du vill ha ett mål mat någon gång!", "Säg till om du behöver hjälp med något!" eller "Vi kan ställa upp, ring när ni behöver något!" För en del kanske det fungerar, men för de flesta fungerar det inte alls. När man är i kris kan man inte definiera sina behov. Man orkar inte lyfta på telefonen och ringa och be om hjälp. Man orkar inte känna sig till besvär och störa i någon annans liv och vänta på att de ska kolla sin kalender. Det är svårt att be om hjälp. Om du kan och vill hjälpa en familj i kris, gör som vår granne gjorde, gå och ring på och säg: "Jag tänker göra en lasagne till er, när vill ni ha den?" Eller säg: "Jag kommer över och städar lite i morgon, har ni något emot det?" Bara gör. Städning, handling, mat och syskon, det är det viktigaste.

5) Apropå det sista: syskonen. Deras behov av tröst, närhet, vanliga enkla nöjen, utflykter, bio eller simning är omättligt. Hjälper du dem att må bättre så hjälper du hela familjen. Det behöver inte vara stora saker, det räcker med små.

6) Om barnet är inlagt länge – skicka något (brev, vykort, små presenter) till avdelningen. Det betyder så mycket. Och om du kan – hälsa på. Var inte rädd för att hälsa på.

7) Vuxenliv. Är det nåt som får stå åt sidan hela tiden, är det egentid och att göra saker tillsammans. Det gäller de flesta småbarnsföräldrar, men det är extra svårt att be om barnvaktshjälp för att gå ut själva när man har så stora behov i vardagen bara för att få det att fungera. Att gå ut själva är en lyx man inte unnar sig, inte orkar ordna. Det är vanligt med kriser i

förhållandet eller skilsmässa, kanske särskilt efteråt, när barnet blivit friskt. Barnvakt alltså.

8) Och apropå det sista. Att komma i väg med en kompis på en öl, med eller utan prat om barnet och sjuklivet, bara att komma ut. Man behöver dras i väg, man orkar inte ringa och bestämma.

***

En sak som många vi pratat med känner av är att man ofta får mycket stöd och hjälp i början. Men många håller på så länge med behandlingar, får återfall, får nya behandlingar, och många upplever att det där stödet delvis försvinner med tiden. Det är nog naturligt, men man ska komma ihåg att om det var svårt att be om hjälp i början, så är det inget mot vad det blir senare, när man tycker att man redan utnyttjat sina vänner nog.

Tisdagen den 24 januari 2006

Stökigt på dagvården i dag, många barn, väntan. Agnes var extraledig från skolan för att vila sig lite, satt på uppvaket i blickfånget när Leon vaknade: "Agnes", sa Leon och log. "Du räddade mig."

Fredagen den 27 januari 2006

Vi var inte jätteoroliga för benmärgsprovet. Men vi är lättade och lyckliga för svaret. Nu är det bekräftat, en gång till, cancern är inte synlig. Och Leon är stark. Han verkar klara att bekämpa den här förkylningen helt själv, utan antibiotika. I dag tog de varandra i handen igen, Leon och Stella, och smög hukande och fnissande in på dagis. Vinkade glatt genom fönstret när jag gick.

Måndagen den 30 januari 2006

Ett år, en månad och två dagar kvar av behandlingen.

Coping. Man kan ställa sig ovanför och analysera, man kan tänka att man ska tänka på ett visst sätt, ta en dag i sänder. Vi tänker viktiga saker som att vi ska låta Leon leda oss igenom det här, låta hans styrka visa oss att vi kan leva här och nu, som han gör. Som att vi inte ska fundera på det vi inte vet, utan hålla oss till det vi vet. Det vi vet nu är att det ser bra ut, att Leon är pigg, att han är som en normal treåring, att han är 99 centimeter lång och växer som han ska, att han kastar sig utför rutschbanan på dagis och skriker av skratt, att han ser på bilder av sig själv utan hår och med slang i näsan och säger att där var Leon bebis och hade slang i näsan. Som den naturligaste sak i världen.

Men man är inte mer än människa. Tankarna är inte så lätta att censurera. *I Canada hade Leon placerats i ett intensivare protokoll för att han svarade så långsamt. Om han får återfall, då kan han klara det också, många klarar ju det. Måtte det dröja så länge som möjligt tills han får återfall, ju längre tid utan återfall, desto större chanser har han.* De tankarna går inte att hejda. Sen är det de andra tankarna. När Leon pratar om att han ska få bebisar när han blir stor, eller att han ska bli doktor, det sätter i gång något slags absurt inre tankebråk. *Om han blir stor. Tyst. När han blir stor. Tänk om han. Tyst, han ska bli stor, han ska bli frisk.* Och vad som sträcker ut sig i min föreställningsvärld är alla år framöver då rädslan kommer att finnas där, hur många centimetrar han än växer, hur många bra blodprov han än tar, för nästa, hur ska nästa se ut.

Så håller det på. Och det verkar inte finnas någon lösning på det. Det får liksom vara utgångspunkten. Vi får försöka hitta något sätt att leva i det. På det hela taget har vi ett bra liv. Vi har så mycket glädje och lycka. Ren och ogrumlad, för att den finns i närvaron och ögonblicken. Och den måste få finnas där.

Fredagen den 3 februari 2006

En bra vecka. De små har varit hemma från dagis både torsdag och fredag, lekt intensivt om dagarna. De leker avancerade lekar tillsammans och fortsätter på dagis, där de förut har lekt med alla utom varandra.

Leon känns stark. Äter upp sig. Klättrar. Och plötsligt känner vi igen hans kropp som den kändes innan han blev sjuk. Den långe, starke med stora händer och fötter. Den våghalsige, som 1,5 år gammal försvann ur sikte på lekplatsen på zoo i Köpenhamn och plötsligt befann sig på en stege upp till en rutschkana tre meter upp och som bara fortsatte, trots våra försök att få ner honom. Han skulle säkert göra det igen i dag om han fick chansen.

Det går bra på dagis. Han njuter av det mesta, är lycklig och kärleksfull.

Men 100 nätter på sjukhus på 14 månader när man är drygt tre år sätter sina spår. Det är en del av hans liv. Leon ska bli doktor när han blir stor. Stella ska bli tandläkare. "Vilken treåring drömmer om att bli tandläkare?", frågade en vän i går. Och det är kanske inte det vanliga. Men för Stella är det nog ett sätt att kontra med något eget och jämförbart. Leon går hos tandhygienisten varje månad, Stella följer med och tittar på. När hon blev kallad för treårskoll hos sin egen tandläkare: det var stort.

Tisdagen den 7 februari 2006

Vi slår småbarns-familjs-saltomortaler för att få tiden och orken att räcka till: ryggskott, magsjuka, jobb, skjutsande. Då kommer Agnes hem från badmintonträningen och frossar. Influensa. I dag fjärde dagen med nästan 40 graders feber. Helt mirakulöst har ingen annan blivit smittad. I alla fall inte än, även om Stella faktiskt har lite feber i kväll.

Ändå känns det ljust. Kanske är det snön. Men jag känner mig så genomsyrad av den där känslan av att ha vunnit en seger som jag nästan inte vågar tro på. Bara en delseger, men det är också en seger. Eller vunnit, fått kanske.

Jag och Micke jobbar 75 procent nu, på väg tillbaka. Det är så mycket som är normalt över det här livet. Också saltomortalerna är normala. Och influensan.

Men om Leon plötsligt börjar frossa, då försvinner det normala, då är det in till sjukhuset igen.

Söndagen den 12 februari 2006

Stella sliter nu för femte dygnet med pendlande feber och humör. Och i går började Leon få feber. Samtalet med avdelningen gav ett något mystiskt besked: håll febern i schack och hör av er om det blir värre. Nu har febern stigit ytterligare och vi känner oss lite irriterade över att inte få klarare besked om hur vi ska göra. Nytt samtal strax. "Jag orkar inte leka", säger Leon och bäddar åt sig i soffan.

Den här helgen har varit präglad av att inte veta hur det ska bli. Det var ett tag sen, och vi hoppas vi ska slippa en vecka på sjukhus med Leon. Men om det blir det får vi bra koll på OS i alla fall.

Nu har bakjouren tillfrågats och beskedet är att vi ska in till avdelning 61 för provtagning. Leon hoppar av glädje, men vet inte än att det är den där avdelningen utan lekrum. Och Agnes och Stella gråter. Jag hoppas vi får komma hem i kväll, men troligen blir det över natten, provsvaren tar sin tid.

Måndagen den 13 februari 2006

Leon fick ta prover och göra lungröntgen. Lång väntan på röntgen, vi hamnade efter en massa ambulansbårar. Han satt i mitt knä och ville bara till sängen och sova. Hans värden var okej och lungröntgen var bra, men beskedet kom först under natten, så vi sov där. Nu är han hemma med Micke och Stella.

Tisdagen den 14 februari 2006

Det är inte mycket andrum man får med två hängiga treåringar hemma, men när de sov middag och jag slog mig ner framför teven med en kopp kaffe fick jag se två guld på 25 minuter. Fantastiskt. Annars har det varit en jobbig dag, fastän Stella varit feberfri och Leon oväntat pigg. Det känns att de börjar bli så stora att de behöver annan stimulans än att bara gå hemma och nöta på varandra, så kanske får Stella gå en kort dag på dagis i morgon för att de ska få lite andrum de också. Om hon inte verkar för sliten.

Fredagen den 17 februari 2006

Vi är så trötta. Två veckor av vaknätter, trötta och gnälliga barn. Vi åkte aldrig in för flera prover, men vi hade kontakt med dagvården. De sa till oss att avvakta men att vi kunde komma in om vi var väldigt oroliga. Det är så ovant, han har inte varit så här sjuk förut utan att få penicillin för att hans värden varit för låga. En ny känsla – vi har varit så vana vid att det är larmberedskap. Men vi kanske lär oss att se honom ännu mer som ett friskt barn, även om det är lång tid kvar av behandling.

***

Mikael, söndagen den 26 februari 2006: *Anna och Agnes har varit i Stockholm i tre dagar. Leon och Stella tyckte att det var orättvist: de ville också åka tåg! Så vi satte oss på deras lila favorittåg och de bestämde att på tågresan skulle de fika, sova och titta på alla djur vi åkte förbi. När vi kom fram efter tolv minuter stormade de ur tågvagnen för att ta reda på om det fanns godis i Malmö. Theo, en dagiskompis, hade enligt Leon sagt att det inte fanns godis i Malmö. I godisaffären valde de länge bitar till sina påsar och Leon skulle absolut ha flera lakritsbitar, trots att han inte tycker om det. Leon klättrade upp i barnvagnen och kastade sig över godiset. Letade i påsen, tog fram en lakritsbit och utbrast: "Pappa, jag har köpt godis till dig!" Sen köpte vi ett par röda träskor till Anna i födelsedagspresent och ett par väldigt dyra skor till mig.*

I dag fyller Anna år. Jag smög upp med barnen, samlade ihop paketen och tände ett ljus. Stella har pratat mycket om att fylla år och hon ville väldigt gärna sjunga umpa-umpa (sången: Tänk om jag hade en liten liten apa), vilket jag i undfallenhet sagt att det kan man väl göra. Lyckligtvis trädde familjens auktoritet, Agnes, in i handlingen och stämde upp med: Ja må hon leva. Den passar bättre. När vi kom in till Anna i sängen blev spänningen för stor och Stella sa: "Vi har köpt träskor." Leon mår bra och känns stark. Den sega influensan känns redan långt borta.

***

Tisdagen den 28 februari 2006

Ett år kvar. Leon leker med en ficklampa. Stella är hans bebis och har krupit in i en koja, Leon lyser in och frågar henne: "Är det mörkt här?" Han tänker mycket på mörker och skuggor och spöken, och han vaknar mycket om nätterna just nu efter jobbiga drömmar.

Ett år kvar, med tabletter. Bara tabletter. Det verkar inte riktigt pålitligt. Det är ärligt talat rätt svårt att slappna av och förstå att han får den behandling han behöver. Svårt att helt lita på att det ska räcka. Det märks så lite på honom nu.

Ett år kvar. Leon och Stella klipper håret med papperssaxarna, det går som tur är inte så bra. Agnes är på väg hem från teatergruppen. En vanlig tisdagskväll.

Söndagen den 5 mars 2006

Det snöar. Jag börjar hämta mig efter en matförgiftning. Micke är på sjukhuset och röntgar sin stortå. Vi har haft besök. Kusinlek och glada barn. Vi har varit slitna, men blivit servade med mat i några dagar (det var inte av den maten jag blev förgiftad). Leon mår bra, värdena verkar stabila.

I onsdags besökte de små det nya dagiset, som de ska börja på i augusti. Det kändes bra på alla tänkbara sätt. Redan nu, ett halvår i förväg, har dagispersonalen börjat fundera på hur de ska kunna lösa situationer som kan uppstå med ett barn med lågt immunförsvar, hur man ska göra med sagostunden på biblioteket eller bussresor. Det som varit svårt med gamla dagis, och som häromdagen blev ett problem igen (jag fick hålla barnen hemma till halv elva för att det inte gick att lösa att Leon inte kunde vara med på sångstunden med 45 barn tätt ihop i ett rum – man måste dra gränsen någonstans, vi drar den där). Ibland blir sådana småsaker (med lite perspektiv så är det ju småsaker) bara för mycket.

Onsdagen den 8 mars 2006

Leon går runt och sjunger "Jag har en ny specialtupp, jag har en ny specialtupp". I garderoben ligger en hel samling öppnade påsar med djur eftersom specialtuppen tyvärr bara kommer i storpack bondgårdsdjur. Hans sång ändrades sen till "avundsjuk, avundsjuk, pappas tå är avundsjuk". Jag vet inte hur det ska tolkas. Mickes tå var för övrigt bara stukad, fast utan både känsel och rörlighet.

Leon var hos doktorn i måndags, allt gick fint. Vid sticket ett "oj!". Vid undersökningen "vilken konstig lyssnare" om stetoskopet som var lite mindre än vanligt.

Tisdagen den 14 mars 2006

Leon har ett alldeles ljuvligt och jobbigt envist och trotsigt humör. Han är extremt mammig när jag finns i närheten. Han drömmer hemska mardrömmar varje natt om krokodiler, monster och skuggor. I natt var det krokodiler, han vaknade med ett illtjut och var förtvivlad.

Allt detta mod han fått visa. Han som bara sträcker fram fingret när han ska få stick och säger "oj" när det sticker. Han som låter sig sövas utan ett knyst och vaknar på uppvaket med orden "nu är vi här igen." Det känns som mardrömmarna har en funktion. Att det måste komma ut någonstans. Fast det är kanske att göra för mycket av det. Alla barn har ju sådana faser, Leon också.

I går satt jag på ett tåg genom Småland efter en heldag borta. Snö och skymning utanför fönstren. Som alltid när jag åker i väg hemifrån så tänkte jag så mycket på hur vi har det, hur vi har haft det, hur mycket jag älskar de här barnen och hur vi har fått slita. Och på all den här kärleken. Ibland känns det som om allt nytt jag gör, allt jag gör som jag gjorde innan Leon blev sjuk, samtidigt innebär att jag måste omdefiniera mig själv, tänka på hur jag förändrats, på det som hänt, tänka på att jag är mamma till ett barn som behandlas för cancer. Det blir så mycket att smälta. Igen och igen.

Söndagen den 19 mars 2006

I förmiddags var jag och de små en tur till Skrylle med Kyle och Kati. På vägen till Skrylle såg jag hur det kom gult var ur Leons öga. Väl där tappade han snabbt kraft, mest av hunger och trötthet men det var jobbigt med ögat. "Det brinner i ögat", sa han sen hemma. Det blev ett snabbt besök på sjukhuset igen. Vi fick smyga in bakvägen via dagvården för att inte riskera att smitta någon. Doktor Lars undersökte och skrev ut recept på ögonsalva och droppar, och så kom sköterskan Anna och stack en knäpptyst och nöjd Leon och tog odling från ögat. Leon var på strålande humör.

Nu är vi hemma och Leon har fått feber. Vi får se vad som händer, om febern går upp och vad hans värden visade.

Det börjar kännas jobbigt att Agnes rum inte är klart än, nio månader efter inflyttningen. Det är svårt att få tid till det. Men Agnes var emot flytten från början och behöver verkligen ett rum nu. Nästa helg kommer min mamma ner. Då får vi lite avlastning och tid till rummet, som snart bara ska målas och få golv.

Måndagen den 20 mars 2006

Leon har 40 graders feber och vi väntar på besked från sjukhuset. Han är väldigt trött, men jag vågar inte hoppas på att han får sova hemma trots att hans värden är höga och fina. Just nu hostar han en del och kurar i soffan. Ögat var bättre under dagen i dag men sämre i kväll.

Tisdagen den 21 mars 2006

Sju timmar på akuten. Eller snarare på ett litet rum på akuten, i korridoren utanför, på barnsjukhusets ljusgård, på röntgen, på Blockets fik och så på slutet, tillbaka på rummet. På förmiddagen när vi väntat i 2,5 timmar och ingen hade lyssnat eller tagit blodprov, och när Leon låg feberfri på britsen, förklarade jag med gråten i halsen att vi nog skulle åka hem. Att jag bara skulle ta en temp till på Leon och sen åka hem. Sen kom en extrainsatt läkare bara en stund senare. Febern stack upp till 40,3 på eftermiddagen. Då hade vi fått vårt rum tillbaka efter att ha varit förvisade till korridorer i några timmar. Leon låg hopkurad med variga ögon och frossade. Röntgensvaret, som vi väntade på i några timmar till, visade lunginflammation. Det mest lyckosamma i dag är att värdena är så bra att han kan få penicillin hemma. På torsdag ska Leon in och göra ny röntgen.

Det är en andfådd, varm och hostig liten hjälte vi har hemma i kväll. Efter en stunds intensiv lek med Stella (prins, prinsessa och drake) börjar han ta slut.

Ljuspunkter från dagen: lyckan när han fick komma in på barnröntgen i stället för det kala rum han är i på helger och nätter – "vad fint och titta leksaker". Han var pratade euforiskt därinne. Och stoltheten när han lyckades göra spottprov i en kopp. Tre stick i fingret i dag och han såg nästan anklagande på sköterskan: "Du sa inte killevippen!"

Torsdagen den 23 mars 2006

Vi har varit på dagvården. Leon har träffat doktor Helena och gjort en röntgen till. Han var vid gott mod, men trött, febrig och matt. Medan vi väntade på röntgen sov han en stund i soffan i väntrummet. Innan vi åkte hem tittade han fascinerad på tre musiker som spelade fint i ljusgården. När vi gick ropade han "hej då" och de tre musikerna vinkade och ropade hej tillbaka. Hemma var han inte i form, febern steg, hostan härjade, han var ömklig. Nu sover han, med snabba andetag. Micke hämtar flickorna och min mamma.

Doktorn har ringt. Röntgenbilden ser inte värre ut. Vi fick veta tidigare i dag att han hade Haemofilusbakterier i ögonen, vilket också botas med Spektramox som han redan får mot lunginflammationen. Kan vara samma bakterie i lungorna. Så medicinen verkar vara rätt, men Leon mår fortfarande inte bra. Det tar ju tid, det vet vi. Bara han dricker som han ska så slipper vi nog mera sjukhus nu.

Lördagen den 25 mars 2006

I går kväll lättade det. Leon är fortfarande trött och tagen och sover mycket, men han har ätit och druckit och i kväll är han ett monster som skrämmer oss andra. Det glittrar bus igen. Hans blodvärden är sämre, men som han fungerat de sista månaderna tar han nog igen sig snabbt.

Tisdagen den 28 mars 2006

Han var ju på bättringsvägen. Vi trodde att det var över. Feberfri och pigg på söndagen. På dagis redan i går. Pigg och glad. Men i kväll har han hög feber igen. På sjukhuset tyckte doktor Helena på dagvården att vi kan avvakta och se hur det utvecklas. Värdena var bra nog och han har redan bredspektrigt penicillin. Det är säkert nåt virus. Det känns trist och oroligt. Tänk om det är något värre än ett virus? Jag hatar när han har feber. Jag hatar när vi går runt här hemma och är oroliga och avvaktar. Jag hatar när han inte kan få sin behandling.

Torsdagen den 30 mars 2006

Det verkar ha varit något slags skrämskott. Nu har Leon haft två feberfria dagar, i kväll kör han i gång med sin behandling igen. Trots att han fortfarande går på penicillin får han sina Metotrexattabletter, men lägre dos.

Leon har varit hemma från dagis och varit väldigt trött. Också Stella är trött. Hon har fått penicillin hon också. Det har varit så långdraget för henne och eftersom Leon blev bättre så snabbt förra veckan tyckte doktorn att vi kunde testa samma på henne.

Tisdagen den 4 april 2006

Lugn helg med våraktiviteter som trehjulingscykling, promenad i Botan och trädgårdslek. Målning, städning och trädgårdsarbete för mig, feber och ont i ryggen för Micke.

Vi är nästan aldrig på lekterapin längre. Det är också ett tecken på hur bra Leon mår och hur sällan vi är inne annat än tidiga måndagmornar. Men i går åkte vi till sjukhuset på eftermiddagen i stället för förmiddagen för Leons blodprov och gick till lekterapin sen. Alla tre barnen och Agnes kompis Eva var med.

Leon och Stella målar i köket och pratar om vilka mediciner de ska ta. "Jag kan ta tabletter som en vuxen", säger Leon. "Det kan inte jag", säger Stella, "jag tycker det är så svårt att ta dom." Hon fortsätter: "Men ni får inte glömma min vita medicin." Hon sveper sitt flytande penicillin utan att blinka. De är roliga. Och jobbiga. De pratar, busar, bråkar, låter, trotsar oavbrutet och samtidigt. Det är lätt att bli arg men lätt att skratta också.

Söndagen den 9 april 2006

Vi har varit en tur i Växjö. Resan upp gick fint, vi kom fram lite sent men hann med första visningen i rymdhuset på Experimentarium. Agnes tyckte det var roligt, inte minst för att studion till *Vintergatan 5* fanns där.

På eftermiddagen var vi på äventyrsbad. Vi hade inte väntat oss att det skulle vara fler än Barncancerföreningen där, och kanske hade vi inte vågat åka med Leon om vi vetat att det skulle vara så mycket folk. Men barnen hade roligt. Leon och Stella badade sig blåfrusna och Agnes ville aldrig sluta åka i forsen i tunneln. Själv drömde jag bara om kaffe och tystnad. Senare, innan vi åkte till Osaby Säteri där vi skulle bo åt vi på restaurang. Leons och Stellas ögon var runda av upptäckarlust men matta av intryck. Vi kom till Osaby på kvällen – en underbart vacker plats i ett surrealistiskt härjat landskap.

Innan vi åkte hemåt hann vi en blåsig promenad och ett besök hos en tupp, några rädda svarthönor och de nyfödda kalvarna i bondgården intill. Alla var trötta och jag kan inte säga att våra barn delade vår glädje över att vara ute i naturen, även om de gillade besöket hos hönsen och kalvarna

Vi åkte hemåt i snö, hagel och regn. Barnen somnade hungriga och utmattade i bilen. Då började bilen plötsligt brinna (motorn i vindrutetorkaren). Vi fick ringa på bärgning och min pappa fick ta sin bil till Hässleholm och hämta upp oss.

Torsdagen den 13 april 2006

Regnig men glad skärtorsdag. Vi har åkt buss till stan och handlat blommor och påskris på Mårtenstorget. Stor upplevelse för de små, inte minst bussen. Det blev också en fin sommarjacka till Agnes, hon behövde få känna sig lite ompysslad.

Leon skrämde oss rejält i dag när han rutschade utför hela trappan. Det gick bra, lite skrapmärken bara. Varje gång något sådant händer blir vi helt livrädda för att något ska hända med port-a-cathen. Men Leon hämtade sig snabbt och var sen påskgubbe tillsammans med den lilla Stella-påskkärringen och så fort godiset tog slut var de snabbt ute och ringde på vår dörr en gång till.

Måndagen den 17 april 2006

Vi har fixat med Agnes rum, grillat hos vänner i solskenet, räfsat i trädgården. Alla har varit friska. Leon brottas och leker monster om dagarna, trotsig och kaxig, underbart välmående. Det är som tar han flera utvecklingssteg samtidigt. I morgon ska han till doktorn igen.

Mitt i nattningen kräktes Stella. Stor kalabalik. Stella grät för att hon inte vill vara magsjuk, Leon struttade runt henne och var snabb att föreslå att vi nu alla skulle sova i vår säng. Väl i vår säng pratade Leon på om varför vi diskade senapsburken, varför man har rumpa, varför påsken är slut. När Stella kräktes andra gången föreslog han att vi skulle åka taxi till "sjuket". Han ville följa med ut i badrummet och studera allt som hände. Även om man får en impuls att lyfta i väg honom till en annan våning så han ska slippa smittan går det inte. Men han ska inte sova i samma rum som Stella i natt.

Tisdagen den 18 april 2006

Provtagning och läkarbesök. Leon var glad och vild på sjukhuset. "Gjorde det inte ont?", sa Viveka när han fått sitt stick utan att säga ett knyst. "Jo", sa han, och log. "Men bara lite." Han växer på längden men vikten står still.

Måndagen den 24 april 2006

På lekplatsen:

"Vad du var modig som vågade klättra längst upp Leon! Och tänk att du klättrade bakvägen upp och inte på stegen!"

"Ja, jag är faktiskt inte rädd för nånting!"

På Teater Lukkans vårshow:

"Jag vill att de ska dra för gardinen nu", säger Leon. När den långa föreställningen är slut säger han: "När jag blir stor, när jag blir elva år, då ska jag också spela teater som Agnes. Då ska jag också spela teater och gardinen ska gå fram och tillbaka."

"Men jag ska inte spela teater", säger Stella. "Jag ska gå på springskola. Kan man gå på vanlig skola också? Det vill jag."

I kväll lekte glada barn ute på det allt grönare gräset i trädgården. Agnes satt inne vid datorn och chattade. Stella är piggare än på länge efter att hon fått börja med allergimediciner. Leon har varit på sjukhuset och tagit blodprov. De träffade en liten kille där som vi träffade mycket förra hösten och våren. Då var han så sjuk. Nu var han en pigg och vild liten kille.

Det var så skönt att få gå på Agnes teaterföreställning i går. Att göra något så "normalt" med barnen, som "normala familjer" gör. Men det var svårt att tänka bort bakterier bland alla människor.

Viktigast: Agnes var glad.

Tänk att det kan gå så här bra så här länge. Tänk om det kanske kan hålla i sig. Tanken är lockande men läskig att tänka. Som att man måste hålla tankarna i koppel, i ett fast grepp.

Torsdagen den 28 april 2006

"Jag tycker om att vara på dagis", sa Leon glädjestrålande i morse. Allt så enkelt. Om det inte vore för bilen. Verkstan lagar ett fel, hittar ett annat, de har ingen aning om vad som är nästa steg. Med dagis och skola på andra sidan stan blir det rörigt. Vi har blivit bilberoende. Det verkar ingå i att ha ett hus i utkanten av stan. Hur tar man byggskräp till tippen utan bil? Bara en sån sak. Vi har fått låna min pappas bil en del. Men just nu är det buss, cykel eller promenad.

Leon fick rekorddos av Metotrexatet. Han har fått Kytril mot illamåendet och klarat det bra. Men han är förkyld och hostar lite.

Måndagen den 1 maj 2006

Materiella ting, oväsentligheter, små komplikationer i tillvaron.

Bilen är trasig för fjärde veckan. Försäkringsbolaget avvisar ersättning. Jag har ägnat oproportionerlig energi den här helgen på att fundera ut vad vi ska säga till dem när de öppnar igen i morgon.

Jag cyklar med cykelkärran. Men när jag skulle flytta cykelkärrans koppling till min nya cykel så gick det inte utan att förstöra den rostiga skruven som vägrade lossna. Och den nya cykeln har fått problem med navet och varit inne på garantireparation men låter inte bra. Vi får väl gå. Eftersom vi köpte en rejäl cykelkärra från Schweiz kan man i alla fall köpa ersättningsdelar på nätet. Åtminstone om deras webbshop hade fungerat.

Att materiella ting strular hör ju till det som är mindre viktigt i livet. Även om det som är viktigt i livet också kan strula. Teven, till exempel. Vi var så trötta på att vår gamla teve strulade och bytte färg hela tiden. Så vi köpte en ny för en månad sen. I dag dog den.

Men: Vi har vänner, familj, människor som bryr sig om, att bry oss om.

Vi firade valborg i går. Leon och Stella tittade storögt på fackeltåget mot brasan. Till ljudet av afrikanska trummor tågade alla fram mot brasan där de kastade sina facklor mot den regngenomdränkta brasan, som inte tog sig.

Efter en timme gick vi hem. Delar av brasan i brand. Envisa åskådare jobbade med att få eld, gick hem och hämtade tändvätska, tonåringar klättrade runt på brasan för att hjälpa till. Det var också vackert, allas gemensamma ansträngning för att få det att brinna.

Lördagen den 6 maj 2006

"Jag vill inte dricka havrechoklad på kvällen, jag vill inte ta medicin, jag vill vara färdig med min medicin mot leukemin." Eller som Leon sa för ett tag sen, när Stellas förklarade att hon inte haft leukemi: "Jag vill också inte ha haft leukemi."

Leon är mycket arg nu och det är många som är dumma i hans värld. Alla, faktiskt, ibland. "Dumma alla" är en inte helt ovanlig replik.

Våren är här, Leon och Stella springer nakna i försommarvärmen. Barfota är en ny upplevelse som måste utforskas. Jag springer efter med solkräm och solhatt.

Jag ser på hans magra lilla kropp. Jag vill också att han inte ska ha haft leukemi och att han ska vara färdig med medicinerna. Jag vill inte fundera på om han ätit någon fast föda alls i dag och hur jag ska truga i honom något. Tiden går, han ser så frisk ut, men är så mager. Jag tänkte på det när vi var hos vänner och grillade i går och han inte ville ha någonting och pratade om päron och de sa att sen till efterrätt får vi päron. Jag fick liksom bita mig i tungan för att inte säga: "han behöver päron nu så kanske han kommer i gång att äta sen". Inga regler gäller. Tåget kan ju gå just då. Det gör naturligtvis att inga regler kan gälla för något barn här hemma, så det är ett himla trixande och serverande i tid och otid.

Status för vårt sönderfallande hem: inget mer har gått sönder och bilen är hemma. Försäkringsbolaget tog sin del. Webbshopen öppnade igen och jag har beställt reservdelar till cykelkärran från Schweiz. Teven är inlämnad på obestämd tid, med hjälp av en god vän. Agnes har en egen liten teve som vi kan se på, tack vare en annan god vän.

Onsdagen den 10 maj 2006

Alla träden slår ut. Fåglar kvittrar om kvällen. Våren är vacker.

Vi tänker på en tolvårig pojke på sjukhuset. Vi hann aldrig lära känna honom, men har pratat en del med hans föräldrar. Det är så svårt att tänka på hur barnen kämpar, hur de förlorar sin framtid. Vi tänder ett ljus.

Lördagen den 13 maj 2006

Vi tänker hela tiden på hur tur vi har. Hur bra det går för Leon, hur han klarar så mycket och begriper alltmer. Hur tanig han än är, så är han en enveten och framåt liten kille. I dag har vi varit på utflykt med dagisbarn, fröknar och föräldrar. Vi var i Måryd, dit barnen åkt på sina utflykter under våren. Det var en bra förmiddag och det var spännande att se barnen i full fart med sina jämnåriga vänner. Leon gav sig i väg ut på upptäcktsfärder, på egen hand om ingen följde med. Men han fick oftast med sig någon till slut. Stella hade bara ögon för småsyskonen. Hon lekte faktiskt inte med någon kompis alls. Hon bara tog hand om bebisar.

Leon har åkt ner i värden nu. Han har 0,59 i neutrofila, vilket gör honom infektionskänslig. Jag hoppas verkligen att han inte åker på något just nu, eftersom jag ska åka till Finland nästa helg på konferens och sova borta i tre nätter.

Onsdagen den 17 maj 2006

Jag hade inte trott att jag skulle börja gråta helt okontrollerat för att läkaren och sköterskan på allergimottagningen inte ville utreda Stellas allergi mer. Det var ett möte som inte blev bra, jag kände mig dåligt bemött och ingen ens tittade på Stellas eksem. Kontentan var att det är bättre att behandla lite på känn själv hemma och se om det har effekt än att ta reda på vad testerna visar "för tester säger ändå ingenting". När jag väl pressat fram lite tester så vägrade de göra några dem om Stella inte ville. Men vilken treåring vill bli pricktestad? Det blev inga tester.

Men det var bara den utlösande faktorn. Det kändes fånigt att stå där på ljusgården och förklara för en orolig lekterapi-Margareta att inget allvarligt har hänt. Vad ska hon tro, när hon möter oss och jag storgråter. Men hon sa: "Det är ju ofta så, små saker."

Och det är väl ofta det. Små saker. Men jag har åtminstone inte gråtit för bilen eller för teven eller för min dator som gick sönder i förrgår. Jag inser att det är känsligt för mig med sådana här vårdsituationer. Det har varit för många sjukhusupplevelser de sista åren. Det väcker mycket känslor att sitta och vänta, propsa på undersökning, försöka få förståelse, vara utlämnad till någon läkare som förhoppningsvis har lite empati, försöka få någon att lyssna. Och det här att möta personal som behandlar en som om man inte vet sitt barns bästa, som antyder att man hellre vill ge sina barn men för livet än att avstå från att "stilla sin akademiska nyfikenhet" (som en annan läkare sa till mig i ett helt annat och ännu jobbigare sammanhang).

Leons värden har sjunkit ytterligare och hans medicindos är halverad. Jag har hållit Leon och Stella hemma från dagis ett par dagar för säkerhets skull. Den stundande avresan kan kanske vara medskyldig till att det känns extra jobbigt: resfeber och separationsångest. Tänk om Leon får feber? Hur ska det gå? Hur ska jag kunna vara borta i tre hela nätter? Den där förnuftiga rösten som säger att "det här behöver du Anna" hörs väldigt svagt just nu.

Dagens citat: "Jag har druckit en hel flaska choklad med grädde i. Så jag ska bli frisk från leukemin."

Måndagen den 22 maj 2006

Hemma igen från resan. Det har varit välgörande på så många sätt att vara i väg själv. Och om jag grät i tisdags så skrattade jag natten till söndag. Det skulle vem som helst ha gjort som fått se *Eurovision Song Contest* på storbildsskärm på en krog i Åbo i helgen. Sairasta! Det är en upplevelse jag sent ska glömma. Dessutom var det en bra konferens.

Det gick bra här hemma förutom att Agnes fastnade med handen i svarven på slöjden. Hon klarade sig med en omläggning hos skolsyster, men såret är stort. Och så fick Leon ögoninflammation, men har inte varit särskilt besvärad. I dag fick han träffa doktorn på dagvården och fick ett recept på ögondroppar. Både Leon och Stella är hemma från dagis.

Tisdagen den 23 maj 2006

Leon traskade kavat in på avdelningen i dag med sin hand i min och svarade ordentligt på doktor Thomas frågor. Vi fick ett recept på Kåvepenin med oss hem och stränga order om att höra av oss om Leon inte piggnar till. Nu har Leon just svalt sina tabletter: fem Metotrexat, en Purinethol och en halv

Kytril mot illamående, och så en penicillintablett delad i två delar. Dessförinnan fick han ögondroppar och snart är det dags för Alvedon och nässpray. Tabletterna tar han själv och utan problem, det andra uthärdar han stoiskt. Och han är ganska pigg ändå. Feber runt 38 grader. Stella har fått ögoninfektion, så det är sjukläger här hemma.

Fredagen den 26 maj 2006

Leon i soffan: "Jag vill gå till Uardalekplatsen i dag." Jag svarar att det inte går när han har så mycket feber. Han bönar: "Men bara pyttelite?" Men det blir ingen utelek i blåsten.

Vi har varit på sjukhuset. Leons öron och ögon blev bättre men han fortsatte ha småfeber och i dag steg febern och hostan tilltog, så vi fick åka in för provtagning och röntgen. Leon var trött men på gott humör. En bebis skrek inne på röntgen. "Bebisen gillar inte röntgen. Men jag gillar röntgen." Helt mirakulöst hade värdena åkt upp och lungröntgen var fin. Så det är väl virus, men han såg ganska sjuk ut när han satt hopkurad på sjukhussängen och hostade och frossade.

På sjukhuset mötte vi en liten flicka, lika liten som Leon när han blev sjuk. Hon hade just blivit sjuk. Och det känns ovant detta, att Leon kan sprida hopp, även när han sitter där med hög feber och hatten nerdragen över ögonen, lockarna som sticker ut. Men så kändes det. När man just fått diagnosen tror man aldrig man kan komma i närheten av normalt igen. Fast det kan man ju.

"Sen kan vi gå till lekplatsen, när jag är frisk", säger Leon. Och en stund senare: "Mamma jag tror att jag blir frisk nu."

Tisdagen den 30 maj 2006

De hostar i kapp. Efter varsin dos Alvedon leker Leon och Stella vid vardagsrumsbordet. Själv har jag grus i ögonen efter många vaknätter med hostiga eller febriga barn.

Leons feber har härjat hela helgen och håller på än. På nätterna febertoppar och dålig sömn. I går började Stella på dagis igen, eftersom hon var pigg, men i natt var det hon som låg och feberyrade om maskar som kröp runt överallt.

Andra veckan hemma med sjuka 3,5-åringar och det börjar kännas rastlöst på alla håll och kanter. "Jag vill inte vara sjuk", säger Leon, men han har i alla fall äntligen förlikats med Alvedonet, som han aldrig gillat: han kom och bad om det själv nu på förmiddagen.

Lördagen den 3 juni 2006

Agnes har feber, häller i sig hostmedicin och säger att det känns konstigt i örat. Vi klättrar på väggarna. Det hade varit bra om de små kunnat gå på dagis någon vecka eller så innan sommarlovet börjar. Nu har de varit hemma i nästan tre veckor.

Häromdagen låg en skrattig Leon och gosade i Agnes nya säng. Han älskar att krypa ner i hennes säng och ligga där och vila för sig själv. Vi pratade om att vara på sjukhuset och jag frågade vad som skulle hända med mig om jag blev sjuk. "Då får du åka till rönken", sa han. "Neej, vad hemskt", sa jag. Och han skrattade vilt åt ett så knäppt påstående. "Då får du åka på operation!" sa han triumferande. Samma scenario – jag sa att vad hemskt, han skrattade åt mig.

Minnena av att vara sjuk, ha ont, tappa håret, allt börjar försvinna för honom. Leukemi innebär för honom att vara tvungen att ta stick och äta tabletter. Och att åka på röntgen ibland. Också det att bo på sjukhuset börjar bli avlägset.

På det hela taget känns det overkligt bra, även om vi klättrar på väggarna. Det är trots allt inga sjukhusväggar vi klättrar på, och vi har inte en stor klump i magen av rädsla som aldrig släpper. Inte hela tiden. Inte just nu.

Tisdagen den 13 juni 2006

Det här är inte en värld man vill vara i. Barncancervärlden. Det önskar man ingen. Men det finns så många barn här, på sjukhuset, på väg till eller från, som måste vara här, som tvingas leva här. En del har vi lärt känna. Vi är glada att vi fått träffa dem. Men det gör så förtvivlat ont när de har ont.

Vi har sett barnen som är dödssjuka och ändå hittar till lek och glädje mellan det jobbiga. Glimtarna av glädje och lek.

Lek är liv. Men livet blev ingen lek. För en del finns ingen bot.

Måndagen den 19 juni 2006

Jag har nyss nattat barnen. Leon och Stella var på strålande humör och tränade sig fnittrande i att säga "det var som fan". "Vad kommer det ifrån?" sa jag. "Oss!" sa Leon och Stella.

Innan det blev sommarlov var det utvecklingssamtal på dagis. Det är slående hur normalt det är allting nu. Innan sommarlovet för ett år sen fick de varsitt häfte med teckningar med sig hem, och Leon hade bara någon enstaka i sitt. Nu är hans häfte tjockt och fullt av teckningar och dagisliv. Han älskar att sjunga med de andra, även om han kör sin egen vers i lugn och ro, helt rent men inte samtidigt som de andra. Han älskar att klättra. Han äter nästan alltid bra. Han sover gott men vill inte bli väckt. Det enda han inte gör är springer och busar med de andra pojkarna. Men i dag var han med Theo, sa han. "Vi knivade och skrämde de andra barnen", sa han. "Men det var väl inte så bra", sa jag. "Joo", fnittrade Leon.

Onsdagen den 28 juni 2006

Leon mår bra och ropar "jippi" till det mesta. I dag har de små haft en superdag med inte bara tunnelbana, båt och spårvagn, utan också Skansen, klappa geten, åka lilla tåget, köra bil, åka karusell, äta glass och godis och rida på hästen. Leon tog stick på Astrid Lindgrens barnsjukhus, lika cool som vanligt. Vi tittade på deras lekterapi. Ärligt talat kände vi oss lite knäppa som riktigt såg fram emot att få se hur det såg ut där och jämföra. Lund vann, även om Stockholm imponerade med resurser.

Lördagen den 1 juli 2006

Vi åkte till Västerås. Leon och Stella badade i en bassäng hela dagen i skuggan i trädgården. De hade roligt, även om Leon mådde lite sämre i dag. Han har blivit förkyld och hostig och i kväll hade han lite feber. Det är bara att hoppas. Vi har kunnat fullfölja den här semestern helt enligt planerna och i morgon kommer Agnes hem från Gotland, där hon varit med kusinerna. Vi får se om vi får testa Astrid Lindgrens rutiner för feber över 38,5. En dag i taget.

Typisk Leonreplik just nu:

"Jag ska gräva ner dig under tåget långt ner i marken."

"Ska du?"

"Mamma, du ska säga att det är struntprat och gallimatias!"

Onsdagen den 5 juli 2006

Värme, fotboll, semester. Nu är vi hemma och nära havet igen. Vi har tillbringat några timmar på stranden. Svalka, saltvatten och strandtältet som barnen kan få skugga i.

Leons feber steg i söndags och efter samtal med Astrid Lindgrens barnsjukhus vågade vi avvakta något. Nästa dag hade Leon ont i örat och vi bestämde oss för att avbryta semestern och ta oss hemåt. Kort besök hos vänner utanför Trosa, kvällskörning ända hem.

Leon har känts misstänkt lägre i värdena än förut, blekare, dålig aptit, mer upp och ner i humöret. Men svårt att veta vad som är vad i värmen.

Måndagen 10 juli 2006

Vanlig provtagningsdag och ett besök hos tandhygienisten. Leon klättrade upp i tandläkarstolen, gapade, lät sig putsas, hoppade ner igen och påminde om tandborstarna, de där han ska få och ta med sig till Stella och Agnes. Sen gick vi genom kulvertarna. Leon vinkade glatt till alla tåg och truckar, men det var nog semestervikarier, för de vinkade inte tillbaka som de brukar. På 64:an blev det blodprov och besök hos Kyle som är inlagd med penicillin, och sen tog vi en tur på lekterapin innan vi satte oss i bilen för att åka hemåt. Vi hann inte längre än ut från sjukhusområdet innan Viveka ringde. Ni får komma tillbaka, sa hon, han har bara 69 i Hb.

Resten av dagen gick bra, trots väntan och nål i porten ("men jag är ju färdig med det, ju!"). Lek med Kyle, lekterapi, vila i vagnen.

69. Så lågt Hb har han inte haft sen han blev sjuk för två år sen. Han har inte behövt blod på minst ett år. Det är normalt, säger alla, så kan det bli. Han hade ju feber för en vecka sen och full dos medicin med en infektion i kroppen.

I kväll klättrar Leon hej vilt i soffan igen, står på huvudet och far runt. Först nu inser jag att jag inte sett det där klättrandet de senaste veckorna. Förmodligen har värdena sjunkit långsamt. Det känns underligt att vi inte märkt att han hade så lågt Hb. Jag har mest tänkt på blåmärkena, tänkt att hans bristande aptit och trötthet haft med värmen att göra. När han klagade i går på yrsel tänkte jag att han slagit huvudet i golvet så många gånger på sistone, tappat balansen. Jag var orolig för hjärnskakning – men i själva verket berodde nog fallen på yrseln och yrseln på blodvärdet.

Fredagen den 14 juli 2006

Vi har haft en spänd vecka, en sådan där "nu får han feber, nehej, oj vad blek han är igen, men nu har han ju färg i ansiktet igen, vad trött han verkar, och grinig, men nu, vad pigg han är nu". Ganska jobbigt. I kväll har Leon lite feber och vi ringde upp och frågade om vi fick avvakta ett tag, och det fick vi. Förhoppningsvis sover han bort allt. Blir det mer feber är risken uppenbar att vi blir kvar i Lund, en av oss och Leon. Han tar sig för örat hela tiden ("det är skrylligt i örat").

Lördagen den 22 juli 2006

Vi är hemma efter en vecka på Möllegården. Trötta, nöjda, mätta på sol, bad och värme. Det får gärna regna nu. Vi åkte i lördags, efter ett besök på sjukhuset för att kolla upp Leon. Han fick ta flera prover, och blodvärdet hade redan sjunkit igen till 83. Trots att han fått en påse blod på måndagen. De andra värdena var fortsatt låga. Medicinen sattes ut. Vi åkte till Möllegården och läkaren förmanade oss att inte ta tempen hela tiden utan njuta lite nu. Jovisst. Leons temp varierade mellan 38 och 38,5 under lördag, söndag och måndag.

På måndagen blev det prover i Ystad. De lyckades inte så bra med alla analyser, de fick fram att Hb var 76. På tisdagen fick Leon åka in till Lund, ta prover och få nytt blod. Värdena hade fortsatt sjunka. Det var en mardröm, det såg ut precis som det absolut inte fick – ett återfall kan börja just så. Micke bar den trötte Leon till lekterapin medan blodet tickade in. Han vaknade till liv. De väntade på provsvar. Jag väntade på provsvar. Läkaren väntade på provsvar. Om där fanns blaster skulle det bli benmärgsprov. "Det troliga är ett virus och inte ett återfall", sa jag om och om till mig själv. Det hjälpte inte mycket.

Men allt såg bra ut och det blev inget benmärgsprov. Leon kom hit till Möllegården igen med ny energi. Det var längesen vi haft den oron, det gjorde oss helt slaka sen.

Leon blev pigg och började äta och vädret fortsatte vara bra, så vi kunde koppla av till slut. I går var vi till Ystad igen för prover på morgonen, Leon och jag, och ett par timmar senare ringde doktor Helena och lät lika glad som jag kände mig när hon sa att: allt ser mycket bättre ut nu. Men han är fortfarande infektionskänslig.

"När jag blir större ska jag skriva till sjuket", sa Leon i går.

"Vad vill du skriva?" sa jag.

"Jag vet inte."

"Men är det nåt särskilt du vill säga till sjukhuset?" frågade jag

"Jag ska skriva att jag inte ska ta några tabletter", sa Leon. "Jag ska skriva om mina värden. Och så ska jag skriva att febern ska gå bort."

Onsdagen den 9 augusti 2006

Förra veckan var Micke hemma med barnen när jag jobbade. Medan jag tyckte att det var för jobbigt att fara runt med barnen i värmen och i stället fyllde poolen i trädgården, så tyckte Micke det var för jobbigt att vara hemma med barnen i värmen och gjorde svettiga utflykter. Barnen fick åka färja till Helsingör en dag. I lördags delade vi upp oss så Micke tog Leon och Stella till Skattkammarön, ett lekhus i Lund som hade karneval för dagen. Barnen red på ponnyer, träffade pirat och clown, såg teater och hoppade bungyjump. Och så fick Leon sitta i en brandbil. Stella vågade inte, för hon var rädd att den plötsligt skulle köra i väg. "Fast nyckeln fick inte barnen ha", förklarade hon för mig. Själv var jag på shoppingtur med Agnes som ska börja högstadiet och önskar sig nya kläder.

Onsdagen den 16 augusti 2006

Solen skiner. Leon och Stella vilar i soffan. Det har nog aldrig gått så bra på någon inskolning jag har gjort med något av barnen. Leon känns så frisk och är lika mycket med som Stella. Samtidigt är det känsloladdat. Det var två år sen vi skolade in barn på dagis sist och det var då Leon blev sjuk. Inskolningen fungerade så bra för Stella den gången, men inte för Leon. Och sen blev han sjuk. Och Stella blev ensam på dagis, tvingades att separera från sin tvillingbror och oss samtidigt. Dagis blev hennes mer än Leons. Nu är det en ny start och båda är med på samma villkor.

I natt låg Leon vaken, jag fattade inte varför han inte somnade om, men så sa han plötsligt: "Dumma leukemin." Och jag förstod. "Mår du illa?" frågade jag. "Ja, jag mår så illa", sa han. Fick en extra dos Kytril.

Onsdagen den 23 augusti 2006

Leon och Stella går på dagis och trivs. Leon mår bra. Hans mage är dålig, men det påverkar honom inte särskilt. De blir gräsligt trötta av dagis så här i början. Besök i helgen av mormor, men inte förrän framåt söndagskvällen blev barnen mindre gnälliga, och då var det dags för ny dagisvecka.

Vi får vardag.

Barnen har pratat mycket om döden. Det hör väl till åldern, men det märks hur de försöker göra det ofattbara fattbart, hur de kämpar med det. Samtidigt har det blivit ett ämne som är laddat, som att vi rör oss runt det smygande, för att prata med Leon om döden väcker något slags rädslor i oss som funnits där sen han blev sjuk, rädslor vi inte vill ta i.

"Ska du inte dö, mamma?"

"Nej, inte förrän jag är hundra år."

"Ska jag inte dö? Agnes? Pappa? Leon?"

"Nej inte förrän vi är hundra år."

"När vi blir gamla då blir vi påkörda av en bil", säger Stella. Det är så de vet att man kan dö. Som morfars Agneta gjorde. Det är någonting vi har pratat om.

"Nej, när vi dör, när vi är hundra år, då somnar vi, för att vi är så trötta."

Så svarar jag. Och jag slits med det. Men det är inget de behöver veta. Inte förrän de frågar. Men annars blir det så svårbegripligt. Det är det redan, eftersom de vet att alla inte alls somnar. Men vi pratar om att det blir fel ibland. Och hittills verkar de acceptera det som förklaring. Det är svårt att förhålla sig till.

Och så säger Leon, alldeles ledsen från sin säng:

"Jag vill inte dö. För då vet jag inte vad jag ska göra."

Måndagen den 28 augusti 2006

Det är ju inte bara de små som har funderat på döden. Den som verkligen slitit med tankar på döden är Agnes. Det är så fantastiskt att se henne nu, när hon cyklar i väg till skolan med sina kompisar, harmonisk, förväntansfull, lugn. Hon är nästan tonåring med allt vad det innebär. Det är så otroligt stor skillnad mot förra våren.

Förra våren fick Agnes yrselanfall i skolan när de pratade om sjukdomar, hon fick befrias från plågsamma delar av undervisningen, som filmer om digerdöden, stannade hemma från utflykter. Hon kunde inte vara ensam hemma. Hon somnade inte. Hon åt dåligt, för all mat var potentiellt dödlig. Det var en ganska kort, men intensiv period av ångest som var jobbig för oss alla. Vi försökte jobba med det, det blev sommarlov, allt blev gradvis bättre. Det är inte lätt att vara syskon till ett barn med en dödlig sjukdom. Det är inte lätt att vara storasyskon och förstå. Jag har ofta tänkt att det är skönt att inte Leon förstod, då när han blev sjuk. Men Agnes förstod.

Nu vet Leon att leukemin finns och jag tror att han någonstans greppar att det är allvar. "Varför har jag leukemi?" frågade han häromdagen. "Jag vet inte", svarade jag. "Ingen vet. Men nu fick du det, och nu är den snart borta."

Det var två år sen Leon blev sjuk. Så länge sen och så nyss. Vi rör oss bortåt. Vi bär en ryggsäck som vi kan ställa ifrån oss i allt längre perioder för att röra oss friare. Vi fortsätter att helas. Ibland känner jag en så stark sorg över att det blev som det blev, att vi fick bära så tungt och att våra barn fick bära så tungt. Men ibland tänker jag också på all glädje vi fick känna mitt i allt det onda.

Och Leon höjer sin fot och vinkar. "När jag var på sjuket", säger han, "då vinkade clownen till mig, med foten". Det var en dag när Leon inte orkade komma upp, kände sig dålig, låg i sin sjukhussäng. Clownen smög in sin fot i rummet, vinkade, Leon log. Hon stack fram huvudet och Leon höjde sin fot och vinkade tillbaka.

Men även om vi ställer ifrån oss ryggsäcken allt längre perioder, kommer vi att vara nervösa länge till. Ibland slits jag mellan att vilja ropa till omvärlden att "det är inte över än!" och att ropa "vi har det så bra nu!". Sanningen är väl båda. Det är inte över än. Men vi har det bra nu.

Fredagen den 1 september 2006

Alla barnen är hemma från dagis och skola. Leon är förkyld och lite småfebrig och i går var hans mage värre än någonsin så vi åkte upp till sjukhuset med ett prov att lämna in. I natt var han vaken och hade feber, men vi kände oss säkra på att det mest var förkylningsvirus, så vi ringde aldrig in. Eftersom han var glad och pratig och berättade om sina roliga drömmar så tog vi inte ens tempen. "Jag drömmer om Dalbybadet", sa han. Och precis som vi trodde vaknade han i morse utan feber och vid gott mod. Han är ganska pigg, men börjar bli blekare och smalare igen.

Tisdagen den 5 september 2006

Vi hade laddat inför mötet med läkaren i går, för att komma ihåg att berätta allt så att hon skulle förstå varför vi var oroliga för Leons mage. På morgonen åkte Micke till sjukhuset med Leon som pratade oavbrutet och glatt skuttade in på dagvården, lycklig över att vara på sjukhuset igen och kanske över att få vara ifred med oss. Själv var jag hos min läkare för att bli friskskriven. Men jag är ju sjuk, insåg jag, så efter ett blodprov blev jag sjukskriven på heltid, veckan ut. När jag kom till sjukhuset för att lösa av Micke satt de och byggde pussel i väntrummet. Leon sken som en sol. Det var inte mycket att göra utan värden eller resultat av sista avföringsprovet. Men jag betonade för läkaren hur dåligt han mått, att vi var oroliga att hans Hb kanske sjunkit igen. Sen skuttade Leon ut ur undersökningsrummet och grabbade tag i ett päron ur fruktskålen i korridoren. "Mmm, ett päron, vad gott!" sa ungen som inte ätit på flera dagar.

Dagen fortsatte på samma sätt. Han åt. Hela dagen. Magen blev bättre. Blodvärdet var bra. Så inte vet jag. Det var kanske illamåendet som gjorde att han kändes så låg i sina värden. Man kan tycka att vi borde veta vid det här laget, känna vårt barn, men det blir konstigt nog bara svårare. Hur som helst mår han bättre. Han vilar här hemma och ser på teve om dagarna. Han tar hand om mig, nu när jag är lite sjuk.

"Ibland, när man har ont i magen, då får man vara hemma", förklarar han. "Och vara ifred." Sen förklarar han att han har ont i magen alla dagar. Medan han hoppar jämfota på min mage.

Söndagen den 10 september 2006

Leon började på dagis igen. Både Leon och Stella fick vara korta dagar på dagis eftersom jag var sjuk och hemma, men det kändes viktigt att köra på när de är nyinskolade. I fredags sa fröken att Leon berättat för barnen om sin port-a-cath. Vad man ska ha den till, att man ska vara försiktig, att han får nål där ibland. Han till och med lät dem känna på den, försiktigt. Vilken tillit han redan känner. "Barnen, de fattade ju nada", sa fröken.

I går var det lördag och godisdag, men också Östratorndagen. Förutom när han fick godiset hade Leon en hemsk dag på dåligt humör. Han somnade mitt på dagen och jag gick i förväg till 4H-gården med flickorna. Sen anslöt Micke och Leon, som varit förtvivlad sen han vaknade. Det blev en bra dag för hela familjen ändå, trots Leons humör.

I onsdags upptäckte jag att Leon hade vita beläggningar på insidan om läpparna, som såg ut som svamp. Men det syntes ingenting inuti munnen, där det brukar synas. Vi började med Mycostacin igen, vi har det hemma eftersom personer med nedsatt immunförsvar lätt får svamp. Då slog det mig att det kanske kan vara svamp också i tarmarna? Så trots att det vita i munnen försvann på två dygn har vi fortsatt ge Mycostacin ett tag. Det känns inte som läkarna kommer att bry sig så mycket om hans mage förrän han går ner i vikt ordentligt eller får feber, men det vore så skönt om han blev av med det, vad det än är.

I dag var det en helt annan Leon. Det var Leon-gör-sin-grej. Han stod plötsligt i köket på en stol vid diskbänken med en Billypizza och en sax i handen: "Mamma kan du klippa upp den här åt mig. Jag är hungrig." Det var Leon äter mat och glass och chokladsås och det var som musik för han sa "mmm, mmm" helt omedvetet genom hela måltiden. Det var Leon "jag ska bara." "Inga mer ska bara, Leon Wallberg", säger vi, han gillar ju Alfons Åberg. Och han ler och säger: "Några mer ska bara, bara." Så ska han bara sätta på sig prinsess-skorna först, innan pyjamasen. Och sen ska han bara gå ut och gå lite först, utanför ytterdörren, med skorna. Stella står i trappan med pyjamas och ropar att hon är trött och vill sova, men Leon "ska bara".

Söndagen den 17 september 2006

Leon och Stella ligger på golvet: "Jag har somnat på golvet", säger Leon. Ungefär så är det just nu: trött. En vecka på dagis och de har varit trötta på eftermiddagar och kvällar. Men det har gått bra. Det enda molnet har varit Leons mage, som inte blivit bättre under veckan. Nya prover i fredags för "mikroskopi". Men det troliga är att Leons tarmar skadats av cytostatikan så att han blivit överkänslig mot viss mat. Vi testade med att ta bort banan, som han överkonsumerat. I veckan fasar vi ut mjölk också. Och vi får provsvar. Vi har redan börjat blanda ut mjölken med rismjölk till chokladen. Och peppar peppar – lite bättre i dag.

I dag har vi haft picknick med trötta barn. Och nu ska vi gå och rösta med lika trötta barn. Vi hoppas att Leon ska hålla sig frisk den här veckan, för vi ska till Berlin på torsdag och hälsa på Lotta och Viktor över helgen. Nu när resan närmar sig börjar jag bli nervös att något ska sätta stopp för den, eller för att Leon ska få feber i Berlin, vad gör vi då?

Vi tänker mycket på några barn som fått återfall och deras familjer. Framför allt tänker vi på den familj som fått ett besked ingen ska behöva få.

Måndagen den 25 september 2006

Jag hade oroat mig för att Leon skulle få feber så att vi skulle få ställa in resan men han var i strålande form. Lotta hade ordnat nummer att ringa i Berlin om han skulle få feber där. Dagen innan avresa slog det mig att man kanske behövde något slags intyg från Försäkringskassan. Det hade jag inte tänkt på, ringde dem och fick ett nummer att ringa om någon skulle behöva läkarvård. Sent på kvällen innan avresa slog det mig: passen! Våra barn hade ju inga pass! Som tur är har Schengenavtalet gjort att de oftast inte har någon gränskontroll vid färjan. Och vi hade tur. Det är inte likt mig. Ett tecken på trötthet, på att vi inte har gjort detta på länge. Men vi kom i väg.

Berlin. Det var mycket som var spännande för våra minsta: färja, S-Bahn, U-Bahn, dubbeldäckarbussar. Mycket som var roligt: busa med Viktor och äta på restaurang.

Jag frågade Leon i kväll vad som var roligast av allt vi gjort. "Äta godis", svarade han.

Färjeturen dit var lyx, nästan folktom båt, gott om plats, tyst och rökfritt. Vägen hem var allt annat: rökigt, fullt, stökiga andras ungar. "Ni har så lugna barn!" sa en annan mamma.

Fredagen den 29 september 2006

Efter varje topp kommer en dal. Jag är så trött på att se Leon förgiftas igen och igen.

I måndags var Leons värden bra, något för höga. Men när värdena är för bra måste de tryckas ner, och som väntat fick han en höjning av Metotrexat-dosen. Vi trodde inte vi skulle märka det så mycket, men gav som vanligt Kytril mot illamående. Nästa dag var Leon tröttare, som han brukar. Men på kvällen tog han slut, och han frös utan att ha någon feber. Händer och fötter var iskalla där han satt ihopkrupen i soffan under en filt. Nästa morgon var jobbig, allt gick fel, Leon var blek, trött och frös. På dagis orkade han inte leka med barnen, somnade i maten. Micke åkte tidigare från jobbet. På kvällen var Leon lika trött igen, trots att han sovit middag. Han åt ingenting, verkade ha ont i käkarna och halsen, och när han öppnade munnen var läpparnas och kindernas insidor fläckiga av vita blåsor, precis som det jag trodde var svamp och som vi behandlade i flera veckor. Jag tror inte det är svamp nu. Jag hittade en sida på nätet om Metotrexat och där stod det. Så som han ser ut i munnen nu kan han se ut i tarmarna också. Då är det inte konstigt att han inte vill äta, absolut inte tugga eller svälja.

Det är så tungt när det vänder ner igen. Jäkla mediciner. Jäkla cancer.

Tisdagen den 3 oktober 2006

I dag mötte Leon mig i dörren när jag kom hem, skuttande, dansande, glad och pigg. "I dag har jag lekt med Olivia!" Sen åt han massor av mat, och på dagis hade han också ätit. Hela förra veckan klagade han på att han inte haft någon att leka med på dagis. Han har pratat om att han går och sätter sig och tittar på. Fröknarna har kollat honom, försökt leda honom till kompisar, men han har inte velat, varit för trött, inte orkat med alla ljuden. I dag lossnade det.

Då var det dags för nästa dos. Vi hoppas att det inte blir lika illa den här gången. Helga, läkaren, ville inte tro att problemen med magen och munnen hade med Metotrexatet att göra. Och jag var precis så besvärlig att många läkare skulle bli avoga. Men de är vana vid det däruppe, och även om läkaren inte tyckte det var så troligt att det var Metotrexat-biverkningar blev hon förbryllad av att se resterna av blåsor som fanns kvar i munnen. "Kanske är Leon faktiskt så känslig", sa hon. Vänta och se, det har vi hört förut, men det är inte annat att göra. Kommer de biverkningarna tillbaka så åker vi upp och visar blåsorna igen. Annars ska han lämna urinprov på måndag så att svamp kan uteslutas. Han får inte gå ner mer i vikt, så han behöver väga sig varje gång. Nu väger han 14,4 kilo.

Det medicinska tar ändå allt mindre plats i våra liv. Det är små dippar, i jämförelse.

Annars är det mesta som vanligt. Agnes skriver på en saga till skolan som hon ska läsa upp på ett dagis, troligen sina syskons.

Måndagen den 9 oktober 2006

Vi var beredda på en vecka till med blåsor i munnen. Alltid larmberedskap, har det väl börjat strula så varför ska det inte fortsätta. Men det gjorde det inte. Leons mage har blivit bättre och han fick inga nya blåsor i munnen. Han fick beläggningar på läpparnas insidor, men hade inte ont av det.

Befriad från smärtorna började Leon äta i slutet på förra veckan. Han har ätit upp sig minst ett halvt kilo på en vecka.

Och vi har haft fest. Helgen har känts så normal. Inte bara festen, utan också badhuset med Agnes på söndagsmorgonen, brännboll med hennes klass på söndag eftermiddag, varsin joggingtur för mig och Micke och inte minst: duschrumsrenovering.

Leon och Stella blev trötta efter festen och i dag ville de inte gå upp. "Det är så tidigt", kved de imorse, våra annars så morgonpigga barn. Leon hade ont i huvudet i kväll, kände sig "schschschuk", som han säger. "Du kan sova bort det", sa jag. "Nej, jag ska ha ont i huvudet när jag sover och när jag vaknar i morgon", sa Leon. Också han uppfylld av "har det väl börjat strula så varför ska det inte fortsätta". Stella som var förbi av trötthet hade en helt annan inställning. "Jag ska sova så jag får gå till dagis och leka."

Ibland pratar vi med Leon om sjuktiden och leukemin. I lördags pratade vi om hur det var när han sov på sjuket. "Då ville jag titta på alladjurenfilmen", sa han. Vi pratade om clownen, om slangarna och nålen, om operation. Han har en massa minnen av det, det känns bra att sätta ord på det.

Sen hände något som fick mig helt slak. De sov middag så de skulle orka festen. När Leon vaknade ropade han och jag gick upp. Så hulkade han fram, halvvaken och med anklagande röst: "När vi var på sjuket så kom det en gubbe in i rummet och sen gick du och pappa ifrån mig." Jag vet inte var det kommer ifrån. Det var en dröm, men känslan?

Han var arg länge sen. Antagligen hade vårt samtal väckt en massa känslor och minnen. Och fast vi aldrig gick från hans sida så fanns det kanske sådana ögonblick, i förvirring, halvvaket tillstånd, när han inte såg oss, när vi var i köket, när han blev rädd. Han har ett aktivt drömliv, Leon, och vanligtvis brukar jag inte fundera över vad som hänt eller inte, i verkligheten. Han är ofta rädd i drömmarna, vaknar med ett skrik och får komma över till oss och somna om.

Tisdagen den 10 oktober 2006

Han hade ju rätt, Leon. Vaknade med feber. Fick vara hemma.

Torsdagen den 12 oktober 2006

Febern har fortsatt och i dag var den uppe över 39 grader och Leon fick åka in och ta prover igen. På provtagningen den här gången, i labbet. Telefonkonsultation med dagvården sen. Värdena dyker nu. Ny kontakt i morgon. Leon är trött, sover mycket, äter i stort sett ingenting. Han är så otroligt gosig och vill helst ligga alldeles när intill hela dagen och vila.

Fredagen den 13 oktober 2006

Vi åkte till dagvården. Leon fick ligga i egen säng eftersom det fanns nytransplanterade barn i korridoren som kunde smittas. Lyxigt för Leon, men också nödvändigt, med tanke på att vi fick vänta i flera timmar på doktorn och provsvaren. Leons värden var urdåliga. De har sjunkit mycket snabbt bara sen i går. Men plötsligt hade febern gått ner, så vi fick åka hem igen. När vi gick ut från dagvården konstaterade vi: "ja då blir det väl taxi i natt då."

Ganska okej kväll, trött och rastlös Leon. Sen steg febern och han började hosta mer och mer. Vi försökte i det längsta, tänkte att om vi bara ger honom lite att dricka och gör svalt i rummet så kanske febern går ner. Men febern steg och vid 39,3 var det inget att snacka om längre. Leon och Micke är på väg in till avdelningen nu för att "det låter som killen behöver lite antibiotika".

Snart tio månader sen sist, men nu var det alltså dags för en vecka med intravenöst penicillin. Leon tycker det är spännande att åka taxi på natten, men han börjar bli så medveten nu och han grät när han tänkte på att han måste få nål. Sen blir det troligen lungröntgen under natten.

Vi vill förstås inte alls det här. Men nu är vi där, och vi får ta det som det är. Sjukhuslivet vet vi ju hur man lever.

Lördagen den 14 oktober 2006

Leon somnade tidigt. Han är trött, men febern har något slags hektisk påverkan på honom. Han är makalöst pratig och rolig och ingen som ser honom tror på att han har nästan 40 graders feber. Det verkar bara vara feber, men värdena som var urkassa i går hade sjunkit ännu mer i dag. Kraschat immunförsvar. Att vara här på sjukhuset känns väldigt välbekant och hemtamt.

Måndagen den 16 oktober 2006

Febern är borta, värdena på väg upp. Vi väntar på blododlingssvar. Leon är ganska vild nu. Han gillar inte att vara här, han vill vara hemma, vill leva som vanligt.

Det väcker så mycket tankar och minnen att vara här. Många nya ansikten men fler gamla än vi velat se. Det är ofta det där jobbiga med att vara här, man blir ledsen för de som har det så svårt.

Onsdagen den 18 oktober 2006

Det är Leons sjätte natt på sjukhuset. Tiden går fort. Och allt blir upprutat: livet hemma, livet på sjukhuset, bytet på eftermiddagen. I kväll var det teaterföreställning och familjepizzakväll här på sjukhuset. Det var länge sen vi var med på pizzakvällarna. Teater Kapijo satte upp *Den lille Prinsen*. Efteråt var det frukt och godis. Sen åkte Agnes och Stella hem med Micke.

Efter några cykelruscher och hektiskt prat i sängen började Leons feber stiga, han frös och kom inte till ro. Han fick febernedsättande intravenöst och började nästan genast andas lugnt och kunde somna. De tog nya blododlingar för säkerhets skull. Det har varit mycket upp och ner och allt pekar väl på höstförkylningsvirus. Han är ömsom helt slut och ömsom jättepigg. I går damp värdena ner igen och det såg ut som han skulle behöva blod, men i dag har det rört sig uppåt igen och det ser ut som det går åt rätt håll igen. Förutom febern.

Torsdagen den 19 oktober 2006

Sjunde natten. Vi har varit kvar på sjukhuset hela dagen, för att träffa doktorn och för att leka på lekterapin. Det blir hattigt att åka hem på permission varje dag, och slitigt för Leon som längtar hem. Han vaknade och grät imorse, ville inte vakna på sjukhuset. Men han vaknade feberfri. Hans värden tar sig. I morgon kommer nog blododlingssvaret. Och vi hoppas att vi blir hemsläppta.

Lördagen den 21 oktober 2006

Leon har just sovit sin åttonde natt här och det blir en nia också. Hans värden tar sig långsamt, och eftersom han fick en oväntad febertopp i onsdags kväll vill de ta det säkra före det osäkra. Andra helgen på sjukhus.

På många sätt är det ändå underbart att se honom nu. All den där energin. All den aptit han får när han inte äter cellgiftstabletter. Den första blygheten för personalen som måste ses som ett friskhetstecken och nu den där pratgladheten. Busigheten. Han vill inte sova på sjukhuset, men han har lärt sig att livet är så. Och han gör en massa bra av det.

Tisdagen den 24 oktober 2006

Tio saker jag är trött på just nu.

1. Att springa upp och ner i korridorerna på sjukhuset med ett leende mot alla. Han är ju väldigt söt Leon, där han far runt i korridorerna, men jag orkar bara inte längre le åt alltihop. Jag orkar inte springa längre.

2. Att bytas av hela tiden. Vi får några timmar på eftermiddagen tillsammans allihop. Ungefär när Leon och Stella har slutat att slåss är det dags att åka tillbaka igen.

3. Att våra barn måste separeras hela tiden.

4. Att höra ledsna röster i telefonen, "jag längtar efter dig mamma", att vara på fel ställe.

5. Att höra läkarna säga "nej tyvärr, inte än".

6. Att komma till jobbet plötsligt, liksom kastas in. Att ligga efter och inte ha läst det jag borde och inte ha en chans att hinna göra det. Att försöka fokusera men bara somna över böckerna.

7. Att komma hem till huset och se kaoset, golvet som inte är dammsuget, disken, plocket som behöver göras, den påbörjade men i all hast avslutade badrumsrenoveringen. Den risiga trädgården.

8. Känslan av att inte ha kontroll. Jag är väldigt trött på den.

9. Tröttheten. Vi hade börjat få energi, träna, få ordning på tillvaron. Elva dagars sjukhusliv och vi känner oss dränerade på krafter.

10. Att köra till och från sjukhuset i en hostande bil. Vi har börjat ta bussen, och bilen har fått en tid på verkstan. Igen.

Men allt det där gör ingenting För Leon har fått komma hem i dag.

Det är tur att personalen är bra på att göra sjukhuslivet till något som går att vara i. Det är tur att lekterapin finns, denna underbara plats.

Trots vår sjukhuslivströtthet är det en stor skillnad från förut. Jag upptäcker att den där ångesten och rädslan som funnits där så mycket förut inte finns där så mycket längre. Inte så länge Leon är så pigg. Inte så länge läkarna säger: "Det kan bli så här ibland." Men jag känner också att hade det här sjukhuslivet fortsatt länge till så hade vi tappat balansen. Tippat över. Kommit över gränsen. Vad det nu är. Det är också något jag är trött på. Att känna mig på gränsen.

Söndagen den 29 oktober 2006

Efter två helger på sjukhus: en helg hemma. Skönt men trött. Piggast är Leon. Den här svängen på sjukhus gick smidigt ändå, allt fungerade som det skulle och Leon var trots allt vid gott mod. Så gott mod att han tre kvällar sista veckan bett att få åka tillbaka till sjukhuset och sova där. Men just det handlar kanske framför allt om hans oro för dagis.

Varje gång Leon haft längre pauser från dagis har han varit spänd och orolig. Nu är det här dagiset ganska nytt för honom. Fröknarna har ägnat mycket tid åt att få Leon att leka med de andra, men han har ofta varit för trött. Den enda han har velat leka med har varit Stella. Och hon har varit upptagen av sitt nya liv, sina nya vänner och framför allt sin stora kärlek där på dagis.

Och sen blev Leon inlagd. Och nu ville han alltså hellre fortsätta vara på sjukhuset med oss än bo hemma och gå på dagis. Det har aldrig blivit helt naturligt med det där sociala livet på dagis, aldrig helt självklart. I fredags kunde vi äntligen känna att nu kommer det att gå bra igen. Han var glad och berättade om allt han gjort.

"Hur länge ska vi gå på dagis? När är vi färdiga med dagis?"

"Ni ska gå på dagis tills ni börjar skolan."

"Hur länge ska vi gå på skolan?"

"Tills ni börjar jobba."

"Hur länge ska vi jobba?"

"Tills ni blir så gamla som morfar, och mormor – de ska snart sluta jobba."

"Oj då."

Söndagen den 5 november 2006

Novembermörkret sänker sig. Vi hittade tillbaka till vardag och Leon hittade tillbaka till dagis. Men våra krafter tog slut och Stellas humör också. Hon har en del att ta igen – det märks så tydligt att när Leon mår bra så kommer hennes ilska. Så i helgen har vi försökt göra saker med barnen: Stella har varit på familjegympa för första gången med mig och lyst som en sol, Leon har varit på bio för första gången i sitt liv med Agnes och Micke.

De såg *Gustaf 2* och när de satt i salongen och ljuset släcktes ropade Leon förskräckt: "Tänd ljuset! Genast!"

Leon hade svårt att hänga med i svängarna men det gjorde inget så länge han hade godis kvar. När godiset var slut började han prata. Micke fick ta en pratpaus med Leon utanför salongen. Och när de kom hem berättade Leon glädjestrålande för mig om alla godissorter han fått.

Det är fyra månader kvar. Tänk att vi på något absurt sätt har vant oss vid den här situationen. Vi bävar lite för att han ska sluta med medicinen. Det är då vi kommer att börja oroa oss för återfall. Men mest längtar vi. Vi har beställt en resa till våren för att fira. Vi behöver göra något tillsammans.

Leon har en superlativ tid: "Jag är världens starkaste!", "Jag är den snabbaste!", "Det är världens äckligaste mat!", "Det är världens finaste halsband!"

Medan Stella känner sig stor:

"När jag fick spela dator i dag och hålla i musen, då kände jag mig inte alls som en treåring, då kände jag mig nästan som en sexåring."

Och Agnes. Vi har äntligen fått så mycket styrsel på livet att vi kan ge henne sådant som hon fått för lite, som söndagsturer till simhallen.

Söndagen den 12 november 2006

Vi har köpt ett träd i dag, en rönnsumak, som står ute på terrassen i en balja i väntan på att planteras. Vi åkte hem med vårt träd, barnen med sina blommor. Vi har planterat om krukväxter i kväll, jag och barnen, och det känns nästan symboliskt. När Leon blev sjuk slängde vi ut alla krukväxter. Varenda en. De hade förmodligen haft svårt att överleva i alla fall i brist på omvårdnad, men anledningen att vi slängde ut dem var att vi var så oroliga för bakterier eller svamp. De hade ju inte krukväxter på sjukhuset just av den anledningen. Det kändes konstigt att ha växter hemma när Leon hade noll immunförsvar och var i en så känslig fas i sin behandling. Men i dag har vi köpt nya växter. Och ett träd. Och Leon ville aldrig sluta plantera.

Vi är inte oroliga för bakterier längre, inte på det sättet. Vi tog faktiskt med alla barnen till IKEA i går. Det var nog lite väl ambitiöst för det var som ett lämmeltåg, en strid ström in och ut och genom hela varuhuset, barn som hostade överallt. Vi hade inte åkt om vi inte var rätt säkra på att Leons värden är bra. Han är fortfarande förkyld men han äter, trots höga doser med mediciner. Och han har mer energi än vi är vana att se honom ha: han fäktas, klättrar, springer, dansar, brottas och spelar tennis med ballonger.

"För länge sen", hörde jag honom säga till Stella, "för länge sen när jag var liten hade jag leukemi."

Men i nästa ögonblick förklarade han gråtfärdig för mig att han inte alls ville vara på dagis och att han ville vara på sjukhuset och på lekterapin och att han längtar till lekterapin och vill bygga pussel och snickra där. Fick han välja så skulle vi lägga in oss ett tag.

Leon och Stella har varit på fyraårskontroll. Stella såg det som en underbar tävling hela besöket, där hon skulle få visa vad hon kunde. Man märker att Leon är lite försiktigare fysiskt. Längre än Stella är han, men hon är tyngre.

Söndagen den 19 november 2006

En intensiv vecka har gått och en intensiv vecka väntar. Leon har fått högre doser medicin sista veckan och det har inte gått obemärkt förbi. Hans aptit har minskat, och när helgen närmade sig blev han tröttare och blekare.

Agnes var på musikal med syskonsköterskan och några jämnåriga syskon från avdelningen. De såg *Grease*, och Agnes kom hem lycklig. Sen, på kvällen, slogs hon av en tanke som fick henne gråtfärdig: "Sen blir ju Leon frisk. Då får jag kanske inte göra sånt här och träffa dom mer?"

Stella klagar över att det var länge sen hon fick vara hos sin doktor. Och Leon har längtat hela veckan till lekterapin. Trots allt det nästan normala vi haft det här året så verkar vi ju lätt institutionaliserade. Jag tänker att det måste vara bra också, det visar ju att de är bra på vad de gör, på sjukhuset.

Nallen Werner från Nalles resa har börjat sin resa till Leon och nu har några personer hittat honom och tagit med honom konferens utanför Norrtälje. Tänk om han kunde resa så snabbt att han träffade födelsedagen?

Måndagen den 27 november 2006

Det har varit en intensiv vecka och vi börjar återhämta oss efter alla födelsedagar.

Tänk att vi fick vara med om det här. Det fanns en tid när det inte kändes självklart. Det är otäckt bara att skriva det. Det var inte självklart. Men det är fantastiskt att vi är här nu.

Leon och Stella är fyra år. De leker fantasilekar. Någon av dem är bebis, numera är det inte bara Leon som får vara bebis. Och bebisen är – hör och häpna – bara tre år gammal. Pratar bebisspråk och kryper. Så stora de känner sig. Och Agnes är tolv år nu, snart en tonåring.

De har haft de tufft, systrarna. I går pratade jag med Stella lite, hon sa att om Leon ska bo länge på sjukhuset igen så vill hon att vi ska äta mat tillsammans på sjukhuset hela familjen. Jag frågade om hon var orolig för Leon och hon svarade att hon är orolig för att han ska bli mera sjuk. "Vad tänker du då?" sa jag. "Då tänker jag på Leon hela tiden och då kan jag inte sova för jag bara tänker på Leon", svarade Stella.

Men Leon är pigg. Trots den högsta dosen mediciner hittills under sin underhållsbehandling har han inte mått särskilt dåligt. Han äter. Magen fungerar. Dagis fungerar allt bättre. Visst vill han hellre vara på sjukhuset, men det går ändå bra. Han drömmer fortfarande mardrömmar varje natt, men nu mest gnyr han i sömnen och vaknar inte lika mycket.

Vi har haft besök i helgen och barnen har busat med "mommo" och byggt pussel. I går var vi alla på skyltsöndag. Man tänker sig alltid att det ska bli så mysigt, men glömmer att två fyraåringar post-födelsedag kanske inte är de mest lätthanterliga en skyltsöndag på stan. "Var det roligt eller jobbigt?" frågade jag sen. "Det var jobbigt och roligt", svarade de.

Måndagen den 4 december 2006

Vi hade fyraårskalas i går för några barn och allt gick jättebra. En blekare Leon med fler blåmärken. När jag ringde och kollade i dag var det inte kul. Värdena på väg ner, feber betyder sjukhus. Det var det jag fruktat, att de pressat ner honom lite för hårt ändå. Men han slipper höga doser den här veckan.

Leon har varit lite ledsen över att hans nalle från Nalles resa verkar ha kommit bort. Men en ersättare ska snart ge sig i väg.

Torsdagen den 7 december 2006

I kväll har jag skjutsat Leon och Micke till akuten. Leon har mått hyfsat bra trots låga värden, tills i går när han slutade äta. I kväll kom frossan, och febern stack i väg. Samtal med avdelningen, Emla på porten, Alvedon och i väg till akuten. Leon grät hela tiden, av utmattning och av rädsla för att få nål i porten. "Jag ville ju till lekterapin", hulkade han översiggivet. Det var ju inte sjuk han skulle vara. Han skulle ju bara dit och leka.

Akuten alltså. Jag ringde en extra gång och kollade om det verkligen var dit han skulle. Han är ju med största sannolikhet neutropen? Men jodå. "Nya rutiner", sa de, "alla ska via akuten." Hoppas de slipper timmar av väntan på läkare bara. Eget rum får han ofta på akuten, men det brukar ta tid. Det gör inte Leon mindre ledsen att ligga i det där kala rummet på en brits och vänta. Eller oss. För det är så tungt att åka in igen. Vi hade ju hoppats att slippa det nu.

Fredagen den 8 december 2006

Det är sådant här som gör mig tokig.

Min son, fyra år gammal, cancerpatient, blir skickad till akuten med 39,3 i feber. "Han har låga värden", säger vi, men han skickas alltså dit. Väl där får han vänta i timmar. En läkare ordinerar prover och lungröntgen. Efter fyra timmar ringer jag och frågar. "Röntgen var fin", säger sköterskan, "vi väntar på läkaren som kan skicka hem honom." "Men", undrar jag, "hans värden?"

Hon vet inte. Men hon väntar på läkaren som kan skicka hem honom? Jag ber att få värdena men då krånglar datorsystemet och jag ska ringa igen om en kvart. Det är mitt i natten, jag sitter här hemma och känner att jag måste kolla vad akuten håller på med. Det är kanske tragiskt, men det kommer sig av dyster erfarenhet. För det mesta fungerar det. För det mesta flyter det på men i något slags snigeltempo som – ursäkta mig – saknar all respekt för att det är människor det handlar om. Och var man än läser så står det att om barnet är neutropent ska behandling sättas in omedelbart. Tider specificeras, det brukar stå inom en timme. Nu kommer ett barn in som man kan anta är neutropent och det tar minst en timme innan någon ens tar prover. Fyra timmar senare säger en sköterska i telefonen att hon inte vet hans värden.

Det är sådant som gör mig galen.

Och ändå är det bara att stänga av. För vad kan man göra. Annat än ringa. När jag ringer igen så vet man följande: Hb 81 (dags för blod kanske), totalvita 0,85 (uselt) och trombocyter 21 (väldigt lite). De neutrofila, de där som säger om han ska läggas in, är inte färdiga. "Han har nog inga", säger jag, "det här blir inläggning." Men hur lång tid det tar innan läkarna ska bestämma sig kan ingen svara på. Eller vilken avdelning det blir. Först måste labbet räkna klart de obefintliga neutrofila, sen måste läkaren ha tid att kolla på värdena, sen måste jourläkaren på Leons avdelning kontaktas och ett beslut tas om inläggning. Sen ska de till någon avdelning och så ska det sättas nål mitt i natten och behandling påbörjas.

Sen pratar jag med Micke och får veta att läkaren tydligen hela tiden sagt att de nog måste lägga in honom. Men varför gör de inte det? Varför ska han ligga på en brits på akuten och vara vaken mitt i natten och få nål mitt i natten om läkaren tror att han nog måste läggas in?

Nu är Leon inlagd, på sin vanliga avdelning. Han mår okej, men är trött efter en vaken natt och tidig morgon. Han ska få blod, kanske trombocyter.

Lördagen den 9 december 2006

I går fick Leon blod och han blev piggare efter det. Han var sitt vanliga "Leon-är-neutropen-med-feber-jag". Några trombocyter fick han inte, för det ger man bara om man antingen är i början av sin behandling eller har fått en blödning. Sen fick han mer feber igen och efter Alvedon och timmar av hektiskt prat i sängen somnade han framåt elva. Sov hela natten fram till sju. På morgonen kom febern tillbaka och hostan tilltog. Doktorn kom in och undersökte honom igen och upptäckte då att Leons ögon var gula och hans lever öm. Akuta leverprover ordinerades och alltför högt Bilirubin konstaterades. De ska ta prover på Hepatit A, B och C men de tror att det är den högre dos medicin han fått de sista veckorna som orsakat detta. De cellgifter han får dagligen kan potentiellt skada levern. Hur mycket skada som skett vet man inte än, men nu måste värdena gå tillbaka. Han ska övervakas varje dag med leverprover.

Feber och hosta hela dagen och en märkbart mattare pojke.

Någon lucia blir det inte i år för Leon. Han som varit så lycklig över stjärngosskläderna. Som det ser ut nu blir han kvar ett tag på sjukhuset. I dag lånade vi pennor och papper från lekterapin, och när vi var där nere, ensamma med lånad nyckel, passade Leon på att måla ett par stenar med silver- och guldfärg och sätta små paljetthjärtan på. Hjärtstenar, kallade han dem. Annars har han mest legat till sängs.

Jag är hemma med mina flickor, vi har ätit middag hos en granne och Stella sover. Man blir trött av sjukhus, så i natt ska jag få sova. Om det går. För om man sover dåligt på sjukhuset för att det är en annan miljö och mycket ljud och spring, så sover man dåligt hemma när Leon är på sjukhuset för att man inte har honom nära.

Söndagen den 10 december 2006

Leon ligger och hostar och ser på *Dora Utforskaren*. Han har hostsjuka, säger han. Bilirubinet har mer än halverats sen i går, och Leons ögon är inte längre gula. Vi kan släppa den oron i alla fall. Hostan och febern håller i sig, och doktorn tyckte sig höra knaster i lungan, så möjligen blir det en ny lungröntgen. Leon själv har mörka ringar under ögonen och är trött, men vaknar till ibland och vill rita eller måla eller pussla. Vi andra är trötta. En rastlös Stella och en deppig Agnes. Det sliter att hamna i sjukhusliv igen. Leon fick komma hem några timmar, han var ju feberfri när han vaknade, vi hann göra ett pepparkakshus, men sen kom febern tillbaka och alla var för trötta för att riktigt njuta av samvaron. Och Micke har fått ryggskott.

Måndagen den 11 december 2006

Leons feber bara steg och steg och hostan terroriserade honom hela natten. Vi sov bara enstaka timmar. I dag har febern fortsatt härja. Trots att han får febernedsättande intravenöst har febern åkt upp över 40 grader och de har gjort vad de kunnat för att få ner febern. Men inget har hjälpt, inte förrän nu i kväll då han faktiskt verkar ha lite mindre feber. Vid ett tillfälle kom en sköterska in med kalla omslag och en kylklamp till sängen, vi öppnade fönstret på vid gavel och kylde ner Leon med kalla våtservetter allt medan han rasande skrek till oss att sluta.

Hostan fortsatte under dagen, något mindre nu. Dagens värden var sämre än i går, men doktor Anders trodde att det kanske blivit fel i provtagningen. En extra röntgen visade inget. Men eftersom han har låga värden, hög feber och något nedsatt syresättning kommer han att få det penicillin som tar Pnemocystis Carinii, ett slags svamplunginflammation som man kan få när man saknar fungerande immunförsvar. Två intravenösa antibiotika alltså, och så får han starkare hostmedicin till natten som han kan sova på. Han får dropp eftersom han dricker dåligt. Men han har just lagt ett pussel och ritat en (enligt honom själv) misslyckad teckning. Nu ligger han igen och håller på att somna.

Nallen Werner har dykt upp nu och sitter vad vi förstår på tåget till Lund.

Tisdagen den 12 december 2006

I dag känns det i hela kroppen att vi var oroliga i går. Efter pärsen kom en lång, lugn och tyst natt. Leon sov stilla, drogad av hostmedicin. Jämn tillförsel av vätska i droppet och febernedsättande intravenöst. Han sov. Jag sov också, trots att de kom in i rummet många gånger under natten. Och i dag är lusten att göra saker tillbaka, leendet också. Och pratet, inte minst pratet. Han börjar bli hes men pratar på. I går sa läkaren att om det är Pneumocystis Carinii kommer han att bli sämre i ett par dagar och kanske behöva syrgas. Men i dag vaknade han feberfri och med 100 procents syresättning, så det var nog inte det.

Marianne och Eva från lekterapin kom in med sin husvagn full av gosedjur och Leon blev blyg och glad. Sen kom Marianne in med glitter, lim och halsbandsattiraljer från lekterapin. Leon får inte lämna rummet eftersom han kan smitta någon annan med vad det nu är han har, så han behöver all stimulans han kan få, nu när han orkar sitta uppe mer än tio minuter på en dag.

Nu väntan. Väntan på värdena, på provsvaren, på att åtminstone den ena antibiotikan kan tas bort så aptiten kommer tillbaka och magen slipper ta så mycket stryk (och levern, hur mycket tål den?). Väntan på nallen. Och väntan på jul. Men Leon väntar mest av allt på lördag: "Vad är det för dag i dag?" frågar han. "I dag är det tisdag", svarar jag. "Och efter tisdag?" "Då är det onsdag." "Och efter onsdag?" Så håller vi på och vid lördag ler han lyckligt. "Då får vi godis!"

Onsdagen den 13 december 2006

Det har lussats överallt på olika sätt. Vår stjärngosse blev så glad i morse när han hörde luciasång i korridoren. Han fick snabbt på sig sina stjärngossekläder, full av förväntan, men sen försvann sången och det kom aldrig något luciatåg och han var förtvivlad. Men det blev fler tåg. Micke och Leon tittade på ett fint tåg på ljusgården, Leon var andäktig i 45 minuter. Lekterapin kom upp en sväng och sjöng och Marianne kom med ett eget glitterpaket och ett tärnljus till Leon som blev så glad över det. Och Agnes och Leon och Stella har lussat här på rummet. För i dag är han piggare, trots en natt med skakande kropp och hallucinationer, antagligen av den starka hostmedicinen. Det blir ingen mer sådan här, det behövs nog inte heller.

Vi väntar på provsvar.

Söndagen den 17 december 2006

Nallen Werner från Nalles resa har äntligen kommit.

Och vi fortsätter att vänta. Leons blododlingar och provsvar kom tillbaka negativa, men värdena segar långsamt sig upp. Nu har Leon bara en sorts antibiotika var åttonde timme i stället för två sorter med olika intervall, så nu kan han vara hemma på permission mellan 9 och 18.

Äntligen kan vi börja ta tag i den här julen. Leon har sovit tio nätter på sjukhuset nu. Vi hoppas att läkarna vågar skicka hem honom i morgon.

Måndagen den 18 december 2006

Värdena har börjat röra på sig. Läkarna har lovat att Leon får åka hem i morgon. Då blir det tolv nätter. I natt vaknade Leon och grät flera gånger, han ropade "dumma dumma dumma" och var förtvivlad och otröstlig. Han visste inte varför, men när han vaknat sa han "dumma febern". Jag frågade om han längtade hem och han nickade. Sen fick han se Dorafilmen mitt i natten med nallen Werner intill sig. I morgon ska vi hem. I morgon.

Tisdagen den 19 december 2006

Vi är hemma. Leons värden gick visserligen ner i dag, men det var nog bara tillfälligt. Efter pepparkaksbak på lekterapin tog vi bussen hem.

Nu blir det jul.

Fredagen den 22 december 2006

Julstök. Vi är lediga och hemma. Jag njuter av att få plocka undan efter den halvfärdiga duschrumsrenoveringen. Andas. Stella dansar till vår norska barnjulskiva i vardagsrummet. Agnes sitter vid datorn. Två hela dagar att julpynta på och laga mat och handla gran och plötsligt känns det gott om tid. Leon är just nu hos doktorn på sitt inplanerade läkarbesök. Vi får se om hans värden hämtat sig så att han får börja sin tablettbehandling igen.

Våra barn leker i faser. Är det lego som gäller så är det lego hela dagarna, eller så är det träjärnväg, eller som nu: julpyssel. Jag som känt att det aldrig finns någon tid att ordna så ambitiösa saker som julpyssel kan konstatera att pyssla klarar de så bra själva. Sen Leon kom hem har de stått oavbrutet vid vardagsrumsbordet och klippt, ritat, tejpat. Vi har alla fått ungefär 50 paket var, teckningar inslagna i vältejpade paket. Och så har de blivit alltmer vänner, de små. Balansen återställs.

Nu blir det julhandel med Agnes som verkligen behöver tid med oss nu.

Tisdagen den 26 december 2006

"Det är inte mamma som bestämmer, det är inte pappa som bestämmer, det är inte Agnes och inte Stella. Alla vet att jag bestämmer. Ska jag ska döda er eller?"

Han säger det på klingande lundensiska i bilen på väg hem från utflykten. Vi har svårt att hålla oss för skratt. Vi försöker se arga ut och inte skratta. Själv skrattar han högt och överdrivet med något slags spökskratt. Vi ser framför oss oändligt bekymrade kvartssamtal år efter år i skolan. Och vi måste liksom skärpa oss för att inte se det som något ganska härligt – all den där kraften och kaxigheten. För på sistone har vi hört ganska många sådana repliker: "Vill du att jag ska bajsa på dig eller?", "Vill du att jag ska slå dig eller?", "Ska jag kasta den på dig?" Eller: "Ska jag hälla ut alla pepparkakorna på golvet?" (På klingande lundensiska, fortfarande.)

Men i nästa sekund kan han säga: "Ska jag pussa dig eller?", "Ska vi gosa eller?" (klingande lundensiska). Och just nu leker Leon och Stella med Belvillelego och bygger slott till prinsessan och prinsen. Sjungandes Törnrosa-sången, som är Leons favoritsång just nu.

Det blev jul. Trots att det verkade ta en evighet av väntan för de små barnen så kom en tomte också. Och Leon och Stella lämnade stolt i väg sina nappar. Eller: Stella stolt och Leon mer tveksam. Natten som följde på nappbortlämningen var inte att leka med, andra natten var inte kul den heller, men nu är nog det värsta gjort och vi tror att de ska sova bättre. Snart. Fast sorgen är stor, i perioder, under dagen, särskilt för Leon och särskilt när han ska sova.

Alla har blivit vrålförkylda utom jag och Leon. Ju längre tid det tar innan någon feber kommer igen desto bättre. Leons värden har inte hämtat sig så snabbt. Men vi tror det är okej nu – vi tror att han slipper sjukhus om han får feber. Doktorn har börjat med medicinerna försiktigt, nya prover i morgon.

Jul. Det har varit en ljuvlig jul hittills, trött men ljuvlig. Den bästa delen av julen är nu, när otåligheten har lagt sig, när svartsjukan har lagt sig.

Stella har det inte lätt. Leon får så mycket hela tiden. Och Stella ser det, känner det, och är så klok så hon förstår det, men det gör det inte lättare. "Mamma, du vill väl inte att jag ska bli sjuk?" säger hon. "Neej, Stella men om du blir det så tar jag hand om dig." Nu är hon förkyld. "För jag är ju lite sjuk", säger hon och kryper upp i famnen. "Visst är jag förkyld, mamma?" Agnes har det inte heller lätt. Syskon till sjuka barn får slita.

Nu har lugnet lagt sig. Spelen spelas, leksaker leks med, bråken stillas. Micke har börjat jobba med duschrummet igen (jag har det inte heller lätt – vadå, på juldagen?).

Söndagen den 31 december 2006

Det stormar och regnar och det är tungt och grått. Det är som hela vårt jullov stängs in inomhus. Ett besök i ishallen med små bambisar på hal is. Ett biobesök, *Happy Feet*, med hela familjen.

Nyår och det är så här dags folk skriver summeringar av året som gått, och skriver om förväntningar på året som kommer. Det är helt klart att 2006 var ett bättre år än 2005, för vår del, och att 2007 kan bli året då vårt liv blir alltmer normalt.

Förkylda barn. Pysslande barn, de klipper och ritar hela dagarna. Och spelar datorspel, upplärda av Agnes. I dag försökte vi åka på utflykt. Inte tänkte vi på att det blåste stormvindar, vi var bara så glada över att få se solen en stund att vi åkte till Västra Hamnen för att strosa. Barnen blåste nästan omkull och Stella fick panik när hon tittade på Turning Torso och trodde att det skulle falla över henne. Vi bar barn och Agnes sprang efter mössor och sen sökte vi skydd på ett italienskt fik innan vi åkte vidare för nyårshandling på Coop. Stella har det jobbigt med nappslutandet – efter en vecka har hon fortfarande problem att vila och slappna av, och gråter många gånger varje dag efter nappen, trots att det var hon som ville vara stor och sluta. För Leon däremot har det gått över förväntan.

När vi kom hem blev Leon stående ute och började gråta, blek i ansiktet och ont i benen. "Jag har så ont i benen att jag bara vill ligga ner på marken", sa han. Och sen grät han för att han inte ville ha medicin och nål. Men efter vila och mat mår han bättre. Ont i benen är ungefär det sista vi vill höra från Leon. Han kan ju också bli trött och få växtvärk som alla andra barn, men varje gång han säger det så vaknar rädslan till liv. Det var ju så det började.

Nu är det alltså nyår och vi ska ha en lugn kväll hemma. Leon och Stella tror att de ska se på fyrverkerier men har aldrig någonsin varit vakna längre än till 21. De kommer inte att orka det nu heller, men kanske är det någon som tjuvstartar härutanför.

Lördagen den 6 januari 2007

"Om det kommer en drake och sprutar eld, då kan du ringa till brandkåren."

"Jaa, vilken bra idé, Leon, då kan brandkåren komma och släcka elden."

"Men de vågar inte ta draken, de är nog för rädda. Då måste du ringa polisen också."

Leon och Stellas värld är rik på drakar, prinsessor, brandkår och poliser. De bygger lego och pratar, bygger kojor och pratar, ser på film och pratar och det är underbart att bara lyssna.

Vårt mål med det här jullovet var skogspromenader, skridskoåkning och rörelse. Vi hann en enda tur till ishallen, men Agnes åkte också skridskor på Lilla Torg i Malmö. Och nappsorgen börjar ge sig. Nallen Doris från Nalles resa som Stella skulle få verkar ha försvunnit – men på något sätt ska hon få en egen nalle hon också, det kommer nog att göra henne lite gladare. Leon är bara mer och mer fäst vid nallen Werner: "Visst är det jag som bestämmer om Werner kan flyga?" frågar han och leker sen att Werner flyger.

Leon pratar om att han ska somna på sjukhuset igen och åka till operation och att de har munskydd där. Och så förvissar han sig om att han inte kommer att känna sticket i ryggen. Han pratar också om att sen, när han är fem år, ska han ta bort sin port-a-cath. Slutet på behandlingen börjar bli fattbart för honom också.

På sistone har vi skämts bort med en Leon som varit som en helt normal fyraåring, full av bus och pigg och väldigt pratig. Det blir tydligt hur mycket låga värden och höga doser av tabletterna påverkar honom. Det är som två distinkt olika versioner av Leon. En med svag röst, trött och ljudkänslig. En kaxig, snackig och ivrig liten pojke som hoppar jämfota när han ska berätta något extra spännande.

I dag har vi varit i Helsingör och fixat drycker till Mickes 40-årskalas. Båtresan var en höjdpunkt. Vi tog bilen upp till Hornbæk och tittade på hamnen och båtarna. Leon var glad och nöjd ändå tills vi kom till restaurangen innan vi skulle hem. Då slog fyraåringen ut i full blom och med hög, arg röst berättade han så alla hörde om hur äckligt, oätbart och bajsigt allting var. Mat är fortfarande inte enkelt för honom. Hemma äter han Billypizza en gång om dagen.

Lördagen den 13 januari 2007

Det är något hektiskt över livet just nu. Leon och Stella har ett driv i sig. Jag hör dem i vilt samtal och fnitter i badrummet en trappa upp, men eftersom det inte kan hända så mycket låter jag dem hållas. Trots att det blir blött. Vi springer efter dem hela tiden. Medan jag torkar golvet, toaletten, handfatet och hänger handdukar på tork så bygger de koja i vardagsrummet. När jag kommer ner är hela vardagsrummet ommöblerat men de har redan börjat rita, hämtar papper ifrån skrivaren. Sen vill de klippa och tejpa och jag säger att först plockar vi undan det här, det brukar inte vara populärt. Medan jag röjer med något av barnen klättrar det andra i köksskåpen för att hämta sax och tejp. Medan jag sopar klipp och river loss tejpbitar från golvet tömmer något barn lego över hela golvet medan det andra barnet öppnar Mickes dator, sätter på och försöker klämma in Björne-cd:n i cd-driven.

Härligt kreativt, massor av prat och bus. Men en del annat också, som blödande rivsår och nån som drar den andre i håret över golvet.

Det är helt enkelt hektiskt.

När Leon skulle gå upp för att sova i kväll var han fullt upptagen med att arrangera en strid i tuppgården. Åtta tuppar hade sökt skydd i bondgården, ett stort lejon smög utanför, vi såg hur det först tog staketet, sen lyfte taken, svaga rop på hjälp från tupparna – då reste sig Markustuppen och gav lejonet en knuff. Vi tjuvkikade på leken genom köksdörren. Stella kom springande med pandan, som också måste få skydd.

Nu sover de. Det har varit en bra vecka. Leon har fått en bästa kompis på dagis. Den lilla flickan som bor vägg i vägg med oss, har börjat på deras avdelning. De är oskiljaktiga. Och Agnes såg *Mio min Mio* på teater i går, har haft presentbyteskalas med kompisar i dag och ska se på *Eragon* i morgon.

Normalt, så ljuvligt normalt.

Leon har varit på toppen i berg-och-dalbanan. Nu dalar det igen, det ser vi på blåmärkena på benen, vi känner det i humöret, ser det på aptiten. En gång till ska vi se honom tryckas ner. En gång till. Vi räknar ner. Det börjar närma sig slutet. Det är härligt, roligt, befriande, oroande och läskigt – allt på en gång. Vi ska tänka att det ska gå bra. Vi tar sats.

Tisdagen den 16 januari 2007

I dag är de små hemma från dagis med Micke. Stella vaknade feberhet i natt men var feberfri och pigg i morse. Leon vaknade vid femtiden imorse och var vrålarg och kunde inte somna om, han väckte alla och ville ha Micke. Innan jag och Stella somnade om i stora sängen hörde jag dem prata därinne. Leon hade ont i magen, det har han haft flera mornar. Och så är han förkyld och hostig. Och i går natt hade han mardrömmar och hallucinationer om småkryp som rörde sig på täcket, pyjamasen, överallt. Han har sett blek ut och haft blåmärken men hans värden har hållit sig. En vecka till med samma dos som sist, nio tabletter allt som allt i kväll.

Vi är trötta. Vardagen sätter i gång igen och det är inte lätt att balansera allt. Micke har gått upp i tid och tar ut en timme om dagen i föräldrapenning. Själv kände jag mig så sliten efter hösten att jag har blivit sjukskriven på 25 procent igen. Det behövs. Jag hade nog kunnat vara hemma halvtid, men jag är så less på att vara sjukskriven. Det var en skön känsla i höstas att vara tillbaka på allvar. Innan jag gick in i väggen igen, alltså. Det är svårt att kombinera sjukhusveckor med jobb, att ena dagen stå inför allt som händer där och nästa dag vara fullt koncentrerad på jobbet. Eller att sitta och göra semantikhemtenta sena kvällar på sjukhuset, det var som min lärare påpekade nästan perverst.

Torsdagen den 18 januari 2007

"På lördag, då ska jag köpa en leksak till mig och två leksaker till Leon." Gripen av vad hon just sagt vänder sig Stella till Leon och säger igen: "Leon, på lördag, då ska jag köpa en leksak till mig och två leksaker till dig." Vi har just pratat om att de ska få medaljer när Leon slutar sin behandling, alla tre. Och jag har just sagt till henne att hon har hjälpt Leon att bli frisk, för att hon fanns där, lekte med honom, gjorde honom glad. Att man blir friskare av att vara glad. Och hon lyser av glädje när hon berättar för Leon om presenterna.

På lördag blir det stor fest. Mickes 40-årsfest.

Men i kväll har Stella inte lyst av glädje direkt. De har varit hemma två dagar den här veckan. Stella hade feber på nätterna men var okej på dagarna. Leon drömde mardrömmar och sen sov han dåligt för att han fått ont i foten. Men i dag gick de till dagis och när jag hämtade kom Stella gråtande mot mig och klagade på ont i örat. Nu sover hon på Alvedon och vi hoppas det släpper. Leon har varit lugn och harmonisk. Visst är han förkyld, och visst har han lite ont i benen, men han har lekt så lyckligt. Det är som leken plötsligt har ändrat karaktär för honom. Han leker gärna själv, går upp på deras rum och leker med den stora tågbanan, sitter för sig själv och sjunger sången från *Stora maskiner* medan han kör den pyttelilla fågeln runt med tåget.

Måndagen den 22 januari 2007

Det har varit en rolig helg, långväga och kortväga gäster, fest och mycket umgås. Men inte utan oro, för det blev som det ofta blir: Leon fick feber. Vi hade just börjat göra i ordning inför festen när Leon började frossa. Vid 39 grader åkte vi in till barnakuten, jag och Leon, och fyra timmar senare fick han åka hem igen. Leon är så fantastisk i sådana lägen. Hög feber, litet undersökningsrum på akuten, fyra timmars väntan, och han pratar och gosar och skrattar och svarar på läkarens frågor och förklarar allvarligt för sköterskan att han brukar blunda och luta huvudet snett bakåt när sticket kommer och att det inte känns då. Sen blir han lycklig för stickpresenten. Alvedonet hjälpte och han började klättra runt på britsen och snurra på snurrstolen. Han hade lägre värden än i måndags men bra nog för att få vara hemma. Han slapp till och med lungröntgen.

Så en sjuk Leon i soffan hemma och en kvällstrött Stella som ville hem redan efter 20 minuter på festen. Våra barnvakter var inte rädda för lite feber och Leon och Stella var nöjda. Agnes skällde lite på mig när jag drog hem henne klockan ett, hon tyckte det var alldeles för tidigt.

På sjukhuset i lördags kändes det ungefär som jag gått in i en glasruta som jag inte såg. Som om jag bara låtsats att allt var så normalt för att jag så gärna vill det, men så krockade jag med den där glasrutan i alla fall och vaknade upp på barnakuten.

Fem veckor till.

Måndagen den 27 januari 2007

Fyra veckor kvar. Jag längtar och fruktar. Det är liksom spärr på tankeverksamheten. En del av mig vill bara gråta, en del vill bara jubla.

Sista veckan har varit lite upp och lite ner. Efter en hemmamåndag var Leon och Stella på dagis. Leon var trött på onsdagen, hans värden var på väg ner och hans dos sänktes för att undvika en krasch. På torsdagen somnade han över lunch på dagis och på kvällen fick han feber. Han grät för minsta lilla, gråblek i ansiktet. Vi tänkte att han kanske hade lågt Hb, så Micke tog med honom upp till sjukhuset för extra prover, men där var det rörigt och stressigt och efter att ha konstaterat att Leon inte såg ut att ha lågt Hb och att det var mycket att göra försvann dagvårdspersonalen i väg. Samtidigt piggnade Leon till lite och vi valde att vänta med prover till måndag och sen fick Leon vara med Micke på jobbet.

Vi tog Stella till doktorn, efter alla öronproblem, efter att hon ständigt vridit upp ljudet på teven, efter hostanfall och jag kan inte andas-repliker. Det blev jackpot: öroninflammation och astmapip i lungorna. Å ena sidan är det nog typiskt Stella att ha så mycket aptit på livet att hon glömmer bort det jobbiga och bara känner av det ibland. Men å andra sidan är det nog också typiskt för det att vara syskon till ett svårt sjukt barn. Vi var ju lite oroliga att det var astma på gång, hon har arvet, men ändå satt jag där och liksom urskuldade mig och sa att det kanske bara var ett virus. För hon är ju den friska. Men Stellas nya doktor är en barncancerdoktor från Stockholm. Det kändes som hon förstod.

Stella har varit uppfylld av sin nya status som astmatiker, sina nya mediciner, sitt penicillin. Hon lyser. Det var ju något, vi hade det på känn.

Tisdagen den 30 januari 2007

Nej. Det är som hela kroppen bara liksom skriker nej. Det räcker nu.

När Leon vaknade med lite feber i morse tänkte vi att kanske är de neutrofila bra nog. Men ett samtal till 64:an tog bort den önsketanken. 0,3 i neutrofila var det på gårdagens provtagning. Det var bara att vänta och se vart febern tog vägen. Jag höll Leon och Stella hemma, stämningen var grinig, framför allt var jag grinig.

Jag ville inte ta tempen igen, men insåg att det var bättre att få det avklarat innan dagvården stängde. 38,6. Vi fick åka in. Det kändes som ett stort misstag. Och avdelningen var full. Efter en timmes väntan på dagvården kom doktor Ingrid och sa att hon ordnat plats till Leon på infektionsavdelningen nere vid akuten, 61:an, där man är instängd på rummet med galonklädsel på möblerna. Där det inte finns lekrum och ingen dator.

Jag är grinig i dag. Jag var grinig innan också. Leon har blivit röntgad både stående och liggande, han har kämpat sig igenom en nålsättning som tog kanske 20 minuter. Vi behöver inte det här nu. Sen ringde Agnes och var ledsen över en skolincident och sen stukade hon foten på teatern och hoppar på ett ben med svullen fot. Jag vet att de tycker synd om oss på sjukhuset men jag är grinig.

Jag är grinig över Leons värden. De har varit försiktigare än förut den här gången med medicinerna men ändå kommer kraschen. Nu är han feberfri igen. Men värdena är dåliga. Det kommer blod från näsan ibland och han har blåmärken över hela kroppen. Det är oroligt med så låga trombocyter. På sjukhuset har de gett Leon kod blå, som innebär att Micke inte ens får gå ut och hämta kaffe eftersom han skulle kunna dra in bakterier som smittar Leon.

Som om det inte räckte. Jag tyckte ju att vi fick till det rätt bra i går med Stellas öroninflammation och astma och Leons låga värden. Men Stella har i alla fall varit glad. Hon fick också stickpresenter på 61:an, utan att bli stucken. Och i dag kom Emilia Nallesson på posten, Stellas nalle från Nalles resa.

Torsdagen den 1 februari 2007

Leons feber kom inte tillbaka. Vi får ta ut honom bakvägen genom slussen från rummet direkt ut. En blå isoleringsskylt hänger på dörren men vi andra får röra oss i korridoren nu. I dag fick Leon börja åka på permission, men ville inte. "Det är roligt att vara instängd på rummet", sa han. Det han menade var att han inte orkade, för våra utflykter runt huset och in till ljusgården och till Blocket tidigare på dagen slutade med att Leon längtade till rummet, lugnet, tystnaden, legot, målarfärgerna. Men i kväll var han hemma och åt med oss. Han är trött, han är mager, bara 14,5 kilo igen, och han är blek. Men han är rätt nöjd om saker får ske i hans takt. Dagens värden är dåliga. De vita blodkropparna har rört sig lite uppåt, men han har inga trombocyter. Så egentligen är det rätt skönt att han leker lugnt på golvet med duplot och duplotågbanan som en lekterapifröken kom in med.

Det är så fullt på 64:an att de knappt hinner komma ner och kolla Leon. I dag var doktor Ingrid akutläkare, så hon kom och pratade med oss och klämde lite på Leon. Framför allt är det trombocyterna som oroar oss, allt annat är vi vana vid. Det kan vara ett virus som trycker ner trombocyter och Hb, men det kan också vara den långa behandlingen som gör att hans benmärg är trött. Leon blir kvar på sjukhuset tills blododlingarna är färdiga, tills neutrofila har kommit upp lite till och tills trombocyterna rör sig uppåt.

Systrarna mår bra. Agnes fot är bättre och Stella mår bättre men hon hade ont i örat i kväll.

61:an är så mycket jobbigare att vara på än 64:an, framför allt för att de är osäkra. På ett sätt tycker jag lite synd om dem också, för de får ringa och söka Leons läkare hela tiden för svar.

Leon är ju i princip färdig, men det känns inte som någon promenadseger direkt. Det är flera år tills han kan räknas som "frisk", även om han snart är färdigbehandlad. Nu är hans benmärg väldigt trött. Han är svår att ställa in rätt dos medicin på, så först ligger värdena för högt, sen när de höjt dosen så värdena börjar sjunka till rätt nivå bara rasar de. Och när han hamnar för lågt får han lätt feber.

Lördagen den 3 februari 2007

Leon är kvar på 61:an. Han är pigg och har ingen feber och vi är på permission när vi kan. På nätterna hostar han. I går hade hans Hb sjunkit igen och han fick en påse blod – på en kvart var han pigg och glad och han var speedad hela kvällen sen. Annars var gårdagen så där, en del strul för Micke och Leon på 61:an. De blev lovade att Leon skulle få ett rum på sin vanliga avdelning på kvällen, det kändes som en enorm lättnad. Men när det blev kväll fick vi kontraorder, han skulle stanna. Allt kändes plötsligt ologiskt tungt, och någonstans fanns också oron över att Leons värden gått åt fel håll. Jag gick upp till 64:an för att förvissa mig om att vi fått rätt besked och jo, det gick inte, de var överbelastade. Och jag började gråta, i frustration, och kände mig otroligt ego, för Leon är ju pigg, och på 64:an ligger barn som är väldigt dåliga och det är klart vi klarar att bo på 61:an. Men det är inte kul för Leon att vara instängd på rummet på en främmande avdelning, även om han tar det bra.

Söndagen 4 den februari 2007

Värdena är på väg upp nu. Nu är det bara den där väntan kvar, på blododlingssvar och tillräckligt bra värden. Måtte det gå lite snabbare än de sista vändorna. Stella klagade på ont i örat igen, dagen efter sista Kåvepeninet, och vi var hos doktorn. Inte var det någon öroninflammation där inte. Men Stella var kvittrande nöjd och fick ett bamseklistermärke.

Måndagen den 5 februari 2007

I dag var vi kvar på sjukhuset och Leon lekte med lego, bollade ballong, såg filmer och var rätt nöjd på rummet. Doktor Helena kom och lyssnade på Leon och konstaterade att han var rosslig än men att de kanske kunde våga skicka hem honom ändå med ett recept på flytande penicillin i några dagar till. Och så blev det. Strikt enligt reglerna skulle han stanna i något dygn till. Men vi är så glada att reglerna var lite töjbara den här gången.

Vi hann med en eftermiddag på lekterapin: Leon pärlade, höll på med lera, lekte vattenlek med lekterapifröken, körde traktor på lekplatsen och gungade. Och hemma låg kallelsen till avslutningspasset på sjukhuset och väntade. Snart är vi där.

Leon vaknade imorse och började hektiskt berätta om sin dröm för mig: en fågelunge hade ramlat ner ur ett brinnande fågelbo, rakt ner i hans armar, han hade tagit hand om den. Sen hade det kommit många fågelungar som han tagit hand om. Och sen hade fågelungarnas mammor och pappor kommit och hämtat dem. Var kom den drömmen ifrån? På lekterapin gjorde vi sen ett fågelungehus i lera.

Lördagen den 10 februari 2007

Veckan har varit bra. Leon var hemma någon dag extra och började sen på dagis. På dagis har det gått fint. Han har lekt med kompisar och i går ville han inte gå hem när jag kom.

Men han har inte kunnat börja med sina mediciner än, för i onsdags när han tog extraprover på sjukhuset var hans värden fortfarande för låga. Om jag räknar ihop alla veckor han fått gå utan medicin för att han för låga värden blir jag nervös. Men nu är det inte många dagar kvar. Jag orkar inte stirra upp mig över det. Jag vill lita på att leukemin är borta nu. Jag vill våga lita på att den inte ska komma tillbaka. Jag lyckas inte alltid.

Snö och minusgrader. Leon och Stella har åkt pulka medan Agnes har varit på stan med kompisar. Själv har jag målat lister. Micke har beställt guldmedaljer till barnen, från en sportprisbutik i Malmö, med gravyr och allt. Vi ska fira våra tre hjältar. Men det stora firandet är resan till Italien i vår.

Onsdagen den 14 februari 2007

Alla hjärtans dag. Leon mår bra och hans värden är tillbaka högt uppe där de inte heller ska vara. Det har märkts. Han har varit pigg. I går fick han börja med sina tabletter igen, och fick sin näst näst sista stordos med tabletter. Två veckor kvar.

Vi oroar oss för Alfons och hans familj, som har det ofattbart svårt. Om det gick att lindra på något sätt, men det gör det inte. De finns i våra hjärtan.

Tisdagen den 20 februari 2007

Det känns svårt att skriva nu, som att det saknas ord. I 2,5 år har vi levt i det här, och nu när det närmar sig slutet börjar kanske spänningen släppa, åtminstone den där larmberedskapen. Det känns som en förklaring till den förlamande tröttheten. Mitt inre är ett kaos av en massa tankar, intryck, tillbakablickar, framåttankar, som jag inte riktigt kan formulera på pappret.

Leon hade en okej vecka förra veckan. Han började med medicinerna, blev tröttare och fick dålig aptit. På dagis var de oroliga i onsdags för att han skulle åka på något igen, för han var så trött på gympan att han såg ut att vara på väg att svimma. Men det var nog bara en dagen-efter-pillren-reaktion. På torsdagen blev hans förkylning sämre och han fick vara kvar på dagis med en fröken i stället för att vara med på utflykt. Han älskar det. Han jobbade med geometriska former och visade mycket stolt upp en utställning för mig när jag kom till dagis sen. Sen har han varit okej på dagarna, men förkyld och utan aptit. Lite ont i örat natten till söndag och så i natt kom det: han skrek och grät av öronont i timmar trots Alvedon.

Så i dag är alla barnen hemma. Leon har öroninflammation och har börjat med penicillin, Stella är bara lite förkyld och sympatihemma, Agnes har sportlov. Leon äter inte och dricker knappt, har ont i magen och öronen. I går var febern uppe över 39 grader, men Leons värden är tack och lov så höga att han får stanna hemma.

På nätterna när han vaknar och inte kan säga var det gör ont först, bara att det gör ont – så minns jag. Månaden innan han blev sjuk. Nätternas gnäll. Men till slut säger han att det gör ont i örat och jag slappnar av.

Och det är bara tio dagar kvar.

Efter ännu en natt med feber kickade Kåvepeninet in och Leon har varit nästan feberfri och värkfri i dag. Trots höga värden strök läkaren behandlingen den här veckan på grund av öroninflammationen. Vi ska ha kontakt i morgon igen och se om han mår lika bra då så att han kan få lite behandling. Jag antar att det inte spelar så stor roll, så här i sluttampen. Men jag kan ändå inte komma ifrån den där obehagliga känslan av att han fått gå utan behandling så mycket redan under de här åren, att det inte är bra.

Torsdagen den 22 februari 2007

Vi tänder ett ljus för Alfons tillsammans, barnen och jag. Leon frågar: "Är ljuset för mig, så att jag ska bli frisk från leukemin?" "Vet du Leon", svarar jag, "du är nästan frisk nu. Vi ska tända ett ljus för dig också. Men det här är för Alfons. Han blir nog inte frisk."

Jag vågar inte säga det rakt ut. Och Leon har inte frågat heller. Vi har bestämt oss för att inte säga mer än de frågar om, men då svara rakt. Leon blir arg. Han blir rasande på mig. "Joo det blir han! Han måste vinna! Annars dör han ju!" Jag svarar att så är det. "Men han vinner nog inte, Leon. Ibland är det så hemskt."

Och det etsar sig in, han förstår, han vet. Sen börjar de prata om döden, Leon och Stella. Om hur man kommer till himlen som Leo på dagis säger, om hur det går till när man ju är begravd under jorden, om man kan gräva upp människorna sen, om man verkligen inte märker att de gräver ner en under jorden. Om hur man blir en ängel och hur vingarna kommer dit. Konkret, nästan befriande konkret.

Det är så svårt att förhålla sig till detta. Att barn far så förbannat illa av den här sjukdomen. Att barn har ont. Att barn dör.

Nu har vi varit i den här barncancervärlden i 2,5 år. Leon pratar allt oftare om att han ska sluta med behandlingen. I går gjorde han en teckning med åtta streck på, ett för varje dag med tabletter, och hjärtan runtomkring. "Det här är en slut-med-tabletterna-teckning", sa han. "Den ska vi sätta upp när vi har slut-med-tabletterna-fest."

"Det ska väl bli skönt med normalt liv igen", sa Karin på dagvården i går. "Ja, jo", sa jag, och märkte att jag liksom tvekade, "det hoppas jag att vi får." Jag funderade på varför jag tvekade, varför instämde jag inte bara med ett jippi eller så. Men så slog det mig: Vad är normalt, då? Har vi tappat bort det? Fanns det aldrig?

Livet i barncancervärlden är kanske inte normalt, men det är också livet, som det kan bli. Och hela tiden lever man så nära döden. Barn dör där.

Det är outsägligt skönt att vi ska få leva ett annat liv nu. För det har varit för jävligt på en massa sätt, trots att det funnits liv och närvaro och kärlek mitt i det svåra. Inte minst, det viktiga: outsägligt skönt att Leon ska få må bra utan att tryckas ner av cellgifter. Att Leon och Stella ska fatta att sjukhuset inte är vårt förlängda hemma. Att de ska sluta diskutera om Stellas sjukhus ligger i Leons sjukhus eller om det ligger bredvid Leons sjukhus eller var Stellas sjukhus egentligen ligger.

***

Minne: När ett barn har dött på avdelningen är det som det känns i luften. En tystnad, en förtätning, som om tiden stannat. Vi förstår att det har hänt, håller oss inne på rummet, av något slags respekt. Jag minns hur jag stod en sådan kväll och såg ut genom fönstret. Såg familjen komma ut från entrén och gå bort över parkeringen. Med en tom barnvagn.

***

Tisdagen den 27 februari 2007

2,5 år. 150 nätter på sjukhus. Dessutom: 148 dagar med blodprov eller behandling på dagvården. I morgon bitti får Leon Emlaplåster på port-a-cathen, sen åker vi in för sövning och en dag med undersökningar:

benmärg, röntgen, njurprov och blodprov. På torsdag blir det ultraljud av hjärtat. Sen är det klart.

Torsdagen den 1 mars 2007

Vi har längtat hit länge. Det har varit en magisk gräns. Vi har förberett medaljutdelning och firande. Två dagar av tester, men alla provsvar får vi inte förrän nästa vecka. Det finns inget som tyder på att det inte skulle vara bra. Därför är vi inte så nervösa för det nu.

I går var den stora testdagen. Vi var på sjukhuset hela dagen. Leon var på bra humör när han fastande kom till dagvården. Lite snorig, men det har han ju varit länge. Så drog det ut på tiden innan han kom upp på operation för benmärgsprovet, han tappade energi och blev otålig. Ändå tog han sövningen bra, det var förresten den tjugotredje. Men uppvaket var inte det bästa: han vaknade inställd på chokladglass och det hade de inte. I förvirringen blev han arg, och sen blev vi bara efter några minuter utkörda i korridoren för att det var så fullt.

När han kom ner på dagvården var han inte vaken riktigt än. Han var arg och försökte rymma från sängen på vingliga ben, rasande för allt och inget. Det tog några timmar innan han blev lugn. När vi kom hem kurade han ihop sig i soffan med ont i munnen, ville inte ha mat. Sen kom febern. Eftersom värdena var fina fick han vara hemma trots 40 graders feber, men vi pratade med doktorn i telefon och fick order att observera honom noga under natten. Och natten blev vaken. Hög feber, ont i munnen och allmänt fel allting. I dag blev det förutom hjärtultraljud också provtagning och undersökning igen på dagvården. Sen hem. Leon kvicknade till och blev sig lik igen, fast med 39 graders feber. Med Alvedon i kroppen gick det ändå att ha kalas och medaljutdelning och fira, men mitt i kalaset fick Micke ge sig i väg till Apoteket och fixa nytt bredspektrigt antibiotika, för Leons provsvar tydde på en bakterieinfektion.

Så han startar det nya livet med 10 dagars antibiotikakur. Men vad är väl en infektion med 40 graders feber mot leukemi? Leon har glatt slängt sina sista två halvor av tabletterna i papperskorgen.

För nu är det över. Det måste det vara. Återfallsrisker och oro tränger vi undan, tror jag vi tränger undan, tänker vi tränga undan. Händer det så tar vi det då.

Och ljuset brinner för Alfons.

Torsdagen den 8 mars 2007

Jag kan inte säga att vi har landat än, det tar nog sin tid. Men visst känns det att det är över. Nu längtar vi tills den här penicillinkuren är över och vi får se Leon medicinfri och se hur han får aptiten och krafterna tillbaka. Men redan säger de på dagis att han tar för sig mer och pratar med högre röst.

I torsdags firade vi, med kalas och tårtor, med vänner och blommor, fiskdamm och medaljutdelning. Det var en varm kväll. I helgen tog jag med Stella till Uppsala och hälsade på min mamma, träffade mina syskon och några vänner. Det var härligt att få vara ensam med Stella och se henne så uppfylld av att vara på ett alldeles eget äventyr med mig. Jag hoppas vi ska kunna göra mer sådant nu. Här hemma hade de mysigt och lugnt, Leon fick gå på musikteaterföreställning i Folkets park ("visste du att jag var på sångstund, mamma") och klättra i klätterställningen där.

Nu en vecka med dagis och jobb. Leon har varit trött på kvällarna, men han får ju kraftigt penicillin, veckan ut.

Vi har tänkt så mycket på Alfons och hans familj. I fredags fick Alfons somna in i sin mammas och pappas famn. Vi pratar mycket om det. "Det är orättvist", säger Leon. Att glädje och sorg går sida vid sida är så smärtsamt. Men också livet.

När vi var på väg ut ur doktor Ingrids rum i torsdags sa hon: "Och så har ni väl hört om kurvan, hur den ser ut?" Vi såg nog ut som frågetecken. Hon berättade att de första sex månaderna är återfallsrisken störst och sen sjunker den kraftigt neråt. Efter ett år är den väldigt liten. Det blev verkligt där och jag frågade eftersom jag alltid måste fråga: "Hur stor är risken för återfall då, för Leons riskgrupp, kan man säga det?" Hon tänkte efter ett tag, sen sa hon: "Ja, mindre än tio procent i alla fall." Och det är kanske bra. Men det är ungefär tio procent för mycket för att man ska kunna slappna av. Det finns inget som tyder på att det inte skulle gå. Men vi har ett spöke med oss från de första månaderna av behandlingen, det långsamma gensvaret på behandlingen. Och överallt där man läser står det att "early response" är en viktig prognostisk faktor.

Men det är bara siffror och statistik. Det säger ingenting om hur det är för just Leon, som en läkare sa till mig i början, och som jag då hade så svårt att smälta.

Tisdagen den 13 mars 2007

Den här veckan har varit vanlig vardag. Helgen har varit vanlig helg: blomplantering, klubbmästerskap i badminton, fotboll i trädgården, långmornar i morgonrock. Och Leons första blodprov efter avslutad behandling visade att alla hans värden är fina.

Penicillinet är färdigt och Leon är medicinfri. Han kör hårt på dagarna på dagis, han tar igen, han gungar med de större barnen och han är trött hemma, men inte slut. Han bara inte äter så bra. Det är som han har kommit in i något slags anorektiskt förhållningssätt till mat de här åren som är svårt att bryta även om han inte mår illa. Han suktar efter sött och godis, och just nu äter han framför allt ko-ost, *La Vache Qui Rit*. Men jag sätter mitt hopp till dagis, där det verkar som han faktiskt äter. Alla barn är ju kinkiga med mat av och till, men Leon behöver ta igen mer. Han är alldeles för tunn, så nu har vi börjat blanda grädde i chokladen igen.

Vi inser att det måste få ta sin tid. Allt får ta sin tid. Vi tittar på vår pojke, ser honom brottas i soffan, hoppa från soffbordet till soffan, försöka lära sig göra kullerbytta, leendet, glädjen. Vi har kommit ända hit. Det är så skönt.

Onsdagen den 21 mars 2007

Leon orkar så mycket mer nu, det är nog den påtagligaste förändringen. Han står inte i hallen på dagis vinglig av trötthet och fastnar, oförmögen att ta ett steg till. Han sitter inte i soffan längre, som fröknarna sa på utvecklingssamtalet i går. Han sitter inte längre och tittar på när barnen leker för att han inte orkar vara med. Han var inte ledsen, bedyrade de i nästa andetag, hans ögon följde leken och glittrade till när det hände mycket. Vi är förstås glada att höra det men det är ju omöjligt att inte drabbas av "åh, varför skjutsade vi dit honom dag efter dag". Fast vi vet ju svaret. Det har varit bra att ha dagisvärlden kvar, så mycket normalt som möjligt.

Det är underbart att titta på honom. Häromdagen var han till och med i gång och tränade med Stella, när hon sprang fram och tillbaka mellan ytterdörren och trädgårdsdörren.

Det är spännande att se vad som händer när medicinerna släpper sitt grepp. Det är för tidigt att veta om det blir seneffekter av behandlingen. Kroppen måste återställa sig.

Ett drag Leon kanske har naturligt har blivit alltmer tydligt: det drömska, disträ och fundersamma. Detta händer hela tiden: Leon börjar skruva sig och säger att han måste gå och kissa. "Gör det då", säger vi, och han börjar gå. Halvvägs dit kommer han på att han bara måste titta på något eller göra något först. Han står och skruvar sig, vi ropar "gå på toaletten nu". Han går in på toan och tar av byxorna men helt plötsligt står han med nedhasade byxor framför oss: "Mamma, när vi åker till sollandet, kommer vi dit mitt i natten då?" "Nejdå", säger jag, "men har du kissat Leon?" Han står kvar, undrar: "Men åker vi på dagen?"

Det är som det händer tusen saker samtidigt för honom både fysiskt och psykiskt. Det är som han plötsligt tar för sig av världen omkring sig, vill saker, tänker ut saker.

Tisdagen den 27 mars 2007

Fyra veckor in i det nya livet. Dagens värden var fina. Jag tänker att det ska komma en dag då jag inte kommer att ha en aning om hans värden och inte kommer att undra.

Barnen har haft det bra. I helgen var Micke och jag på föräldraträff med Barncancerföreningen och övernattade tillsammans för första gången sen Leon blev sjuk. Barnen har inte saknat oss nämnvärt. Agnes var till och med irriterad över att vi kom tillbaka för snabbt. Själva hade vi en trevlig helg med mat, sällskap och natur.

Nu har dagis varit stängt i två dagar och jag har fått en ofrivillig, lite stressande men ganska härlig ledighet från jobbet i vårvädret. Svag vind, sol och värme och vi åkte till Skrylle i dag på picknick med en dagiskompis och hans mamma. Leon har hållit i gång hela dagen. När vi kom hem lekte barnen glatt i sandlådan, gick ut i trädgården och spelade fotboll och kastade frisbee. De somnade snabbt i dag. Nöjda. Sunt trötta.

"Imorrn ska jag till doktorn!", säger Stella. Sen kan hon inte sova utan ligger och tänker på att hon är rädd för att hennes doktor kanske ska ta blodprov för allergi. "Men tänk på att det går så fort, du vet väl vad Leon brukar säga," säger jag. "Oj", säger båda barnen i kör. "Men man får vara ledsen", säger jag. "Får man det?" säger Stella, lättat.

Söndagen den 1 april 2007

Ett pärlband av soliga vårdagar: 15 grader varmt, vårblommor, pollen och soleksem. Ljuvliga dagar. Trädgårdsarbete, joggingturer, ljusa kvällar. De små har lekt så underbart tillsammans ett tag. Det är tyst i vardagsrummet, vi tittar in, där smyger Leon och Stella hand i hand för att inte väcka dockan och nallen, de är på utflykt. De berättar för Kyle, sin kompis: "I dag lekte vi en rolig lek, jag och Stella, vi lekte skolbarn." Alla lekar, vänskapen, de är så goda vänner nu. Och Agnes är glad, inte minst för att det är påsklov.

Leon har varit förkyld och sista veckan fick vi känning på rädslan, den som ligger där under hela tiden. Plötsligt var benen fulla med blåmärken, nästa dag ännu fler, det såg ut som det brukar när han har låga trombocyter, bara att det ska han ju inte ha mer. Men sen vände det och nu ser det bättre ut. Kanske en svacka i värden av förkylningen. Hans immunförsvar kommer ju inte att vara normalt på ett tag ännu.

Vårutflykt till Billebjer, vitsippor och backsippor, gnistrande vatten i det gamla stenbrottet, branta stup och spännande stigar. I dag var det Stella som var trött: hon åt en chokladbit med nougatfyllning i går, svullnade upp, fick ont i magen och blev illröd, flammig och prickig över hela kroppen och fick tillbringa några timmar på barnakuten för övervakning. Inga mer nötter där. Tagen och trött men lycklig över de fyra presenter hon charmat till sig av sjuksköterskan kom hon hem. Leon avundsjukt: "Jag vill också till sjukhuset." In your dreams, sa jag inte, men tänkte.

Tisdagen den 10 april 2007

Ibland är det som cirkus. Eller nåt slags dokusåpa – om man sätter in en supernanny, en filmkamera och Dr Phil kanske det skulle bli ett riktigt underhållande program. Som i dag: Leon står i köket, det är kväll, jag diskar och han har just kommit på att han ångrat sig, att den flaska med varm mjölk han just druckit inte var vad han ville ha, att han hade velat ha choklad. Jag förklarar tålmodigt att det inte går, att man inte kan dricka mer på kvällen för att då kissar man i sängen på natten. Han blir arg, han blir rasande av ilska, hoppar jämfota och förklarar hulkande om och om igen att han ångrat sig och att han måste ha chokladen.

I hallen plockar Stella fram halsdukar och koftor ur lådan, för hon fryser säger hon.

Jag lyfter upp Leon, säger att det räcker nu, säger att det är sent och att vi ska sova nu. Jag tar honom till soffan och börjar göra i ordning, smörja honom för han är ju så torr i huden och har eksem. Han är rasande, skriker, vrålar, vill inte, det är ju morgon nu, skriker han, det är ljust ute. Och jag är så tålmodig, lugnt och stillsamt håller jag honom, smörjer honom, fortsätter.

Stella har nu fått på sig vintermössa och fleecebyxor också och det är dags att börja träna, hon springer fram och tillbaka mellan ytterdörr och altandörr med rödrosiga kinder.

Leon skriker.

Agnes sitter mitt i röran läser en Harry Potter-bok och ser på *Bobster* samtidigt och skriker med jämna mellanrum: "håll tyst Leon". Jag ber henne stillsamt (eventuellt) att kanske byta rum.

När jag har smörjt Leon färdigt börjar han klä av sig igen.

Det börjar poppa upp små utbrott av otålighet i mig och jag säger att om du klär av dig nu så får du sova utan pyjamas. Jag minns inte men eventuellt säger jag att om du tar av dig pyjamasen nu så kastar jag den i papperskorgen. Sen hämtar jag Stella, som är varm och glad och berättar att en annan dag när Leon inte skriker så mycket så ska vi lyssna på musik också. Och att hon älskar att bli smörjd för då får hon inte så mycket eksem.

Leon skriker. Han kan inte bestämma om han ska dra på eller av pyjamasbyxorna. Agnes sitter kvar i fåtöljen och är mindre glad.

Men Stella kvittrar och efter en kort stund är vi klara att gå upp. Eftersom jag är aningen mindre tålmodig nu så orkar jag inte lyfta upp Leon, utan vi går upp, jag och Stella och gör i ordning för natten däruppe. Så kommer Leon, med pyjamaströjan i ena handen och sina vanliga byxor på sig. Gråtande, hulkande, ilsken.

"Jag vill att vi ska säga förlåt båda två", skriker han. Men jag är inte längre tålmodig, nu ska vi bara borsta tänderna och i säng, med eller utan pyjamas. "Varför ska jag säga förlåt Leon", säger jag. "För att du blev så arg på mig", skriker Leon.

Men till slut sitter vi där i sängen. Jag läser sagan, Stella är glad, Leon hulkar i min famn, tätt intill. Vi kommer till slutet, jag säger "snipp snapp snut, nu är sagan slut" och Leon blir rasande för det skulle ju han säga. Men sen orkar han inte mer, han somnar på några sekunder. Och jag går ner till Agnes som sitter i fåtöljen och läser, och det är dags för historieläxa, och det är omöjligt och det kommer aldrig att gå och jag får räkna till hundra och börja om, och det är en helt annan historia.

Det är inte så hela tiden. Det är allt på en gång. Leon skrattar, han leker, han far runt, han är lycklig, euforisk och rasande arg och känslig på samma gång. Han trotsar, han slåss, han är så nära, så nära och gosar mer än någonsin. Som gripen av liv och kraft. Han är överallt, vill allt, utom att gå på toaletten, för det har han inte tid med. Inte att klä på sig heller, eller av.

Det är utmattande, men det är också kraft, liv, vanlig vardag med två fyraåringar och en tolvåring. Vanlig vardag.

Torsdagen den 19 april 2007

En månad, två veckor och fyra dagar. Tiden går och vi har inte ens varit hemma med sjuka barn sen Leon blev färdig. Första läkarbesöket sen behandlingsslutet är över och vi har redan fått kallelse till nästa. Nu är det bara fem veckor tills vi åker till Italien och det börjar kännas som resan kan bli av. Jag märker att folk reagerar, "vadå, tänker du så?" Jag tänker så. Jag tänker hela tiden att våra planer kan kullkastas och vi redan i morgon, eller om ett par veckor, kan vara på väg in igen till sjukhuset. Men jag tänker också att det nog ska gå vägen.

De cyklar. Vi har inga stödhjul på cyklarna utan hållare så att man kan gå raklång bredvid. Medan Stella sitter liksom ihopkrupen och siktar med styret, så bara kör Leon på. Nu har han fått upp farten, och vi springer andfått bredvid. Han svänger lite brådstörtat, det är tur vi har den där stången, men han är helt orädd. Tar för sig. Hopplekar, klätterlekar, bygga kojalekar.

På dagis har Leon sin kompis som bor granne med oss. De gungar och gungar och ritar och ritar. Varje dag kommer Leon hem med minst fyra väl inpaketerade teckningar till mig. Alla med samma motiv: en rosa blomma. Sen går han runt mig och vaktar mig hemma, har koll på var jag lägger teckningarna, kommer smygande med dem när jag lagar mat för att jag måste hålla rätt på dem. Leon och hans nya kompis leker så tätt att fröknarna som förut fått hålla isär Leon och Stella ibland nu fått hålla isär Leon och vår grannflicka någon gång för att Stella blivit svartsjuk. Hon bevakar honom hårt, nu när han inte längre sitter still i en soffa.

I helgen åkte vi till Sövde och vårstädade i Barncancerföreningens hus. Agnes var med en kompis, så vår naturliga barnpassare var inte med. Men Leon och Stella var som små änglar, lekte lyckligt från tio till halv fyra, i trädgården, lekstugan och sandlådan, intensivt kvittrande och pratande. På söndagen fixade vi i trädgården och åkte till havet en sväng. Nu är det regnigt, men vi pollenallergiker tackar för det. Alla är allergiska utom Leon och han kan inte förstå att det kan vara så orättvist att han inte får medicin när Stella får. I kväll vid maten gned han in sina händer i tomat i hopp om att få eksem så att han skulle få lite medicin han också. Det fick han inte.

Onsdagen den 25 april 2007

Det är en massa saker vi inte längre behöver tänka på. Som att ha necessären packad. För någon vecka sen sa jag till Micke att Leon känns varm. Micke suckade tungt och började på meningen: "Vem av oss…" och sen kom han på det. Vi måste inte in. Vi måste inte göra något.

Leon hade inte feber. Han har varit fantastiskt frisk sen slutet av behandlingen. Han har börjat gå upp i vikt. I lördags var vi på gympa, jag och de små. Stella är som sin storasyster, försiktig, vill ha koll. Leon bara drog runt mellan redskapsstationerna. Fastnade för den mest spektakulära, mattorna som var uppdragna mot ribbstolarna till rutschbana. Han tröttnade på att försöka klättra upp via ribbstolarna och började ta sig upp direkt på kanan och sen åka ner. Oförvägen. Han bara gör, uppslukas.

Han blir arg också. Han har inte alls lärt sig att hantera sin nya kraft och ilska: i går fick Stella en sax i bröstet. Det är en himla tur att Leon inte är så stark än, för det räckte med plåster. Men vi var chockade allihop, Leon också, han sa "förlåt förlåt" tjugofem gånger i sträck i hopp om att kunna sudda ut vad han gjort.

Provtagning. Leons värden är jättebra. Vi jublar inombords.

Och så är det Agnes tevevecka. För en dryg månad sedan var Agnes med syskongruppen på sjukhuset som publik på teveinspelning av *Amigo*. Det blev succé, hon fick vara med uppe på scenen. Hon vågade och var lycklig. På fredag sänds avsnittet, och hon är med på Hela havet stormar. I yllekofta.

Söndagen den 13 maj 2007

Förkylda men morgonpigga barn. I fredags ringde de från dagis och bad mig komma och hämta en febrig pojke. Han hade inte kommit in till maten och de hade hittat honom på toaletten, gråtandes. Sen orkade han inte ens lyfta gaffeln vid matbordet. Han hade nästan 39 graders feber. Jag kände mig ställd, vad gör vi nu då? Ska ingen kolla hans värden? Ska vi inte göra något särskilt? Även om jag visste att Leons värden sett bra ut på måndagen, var jag tvungen att ringa sjukhuset för lite mentalt stöd. Det är klart att också Leon kan bli vanligt sjuk som vanliga barn. Men det var med feber det började en gång för snart tre år sen, så det är klart att det känns jobbigt. Varje dag skannar jag hans kropp efter blåmärken. Inte en gång, utan många gånger. Det går automatiskt. Ändå tycker jag att vi lever ganska obekymrat nu, att vi njuter av vardagen, att allt är bra.

Nu är han feberfri och glad igen. När han fick feber sa han: "Jag är sjukast i hela världen." Det var väldigt skönt att få lugna honom på den punkten. Han förklarade också att "när man är så sjuk som jag, då får man så försiktig röst". Men nu, kan jag berätta, ropar Agnes "tyst Leon, jag får ont i öronen" när han bara försöker berätta något.

Den här helgen var det fest för morfar Lars som fyllt 65. Det var roligt att träffa familjen och släkten. Men Leon kunde ju inte vara med och var ledsen. "Kan morfar Lars fylla mer år?" frågade han. "Nästa år ska jag gå."

Fredagen den 18 maj 2007

Leon ville ha rosa sandaler. Vi hade tagit fram alla sorter där på affären och han ville ha de rosa. När vi stod och skulle betala tänkte jag att jag i alla fall måste göra honom lite förberedd och frågade: "Leon, om de säger på dagis att det där är tjejskor, vad säger du då?" Han hade ju hört repliken redan från sin rediga tvillingsyster, men ändå, jag ville kolla. Han tänkte efter och berättade sen: "Tror du att jag bryr mig eller?"

Jag har ju upprepat detta som ett mantra: Vi kastar oss ut i vardag. Vi kastar oss in i vardag. Vi håller fast vid vanlig vardag. Tänker att allt ska bli bra.

Men det blir aldrig som det var innan.

Alla barnen som blir sjuka, alla familjerna som får besked att deras barn har cancer, alla nya familjer som är där på avdelningen. Och barnen vi följt ett tag, de som ska dö, familjerna som gör det så vackert för att ge barnen all glädje och kärlek den sista tiden. Familjerna som måste vidare i smärtan men aldrig blir hela. Barnen som inte fick leva.

Allt är annorlunda.

Vi har just kommit hem från en utflykt, Leon har så rosiga kinder, pratar oavbrutet, är aldrig stilla, har aldrig tid för oväsentligheter. Och jag känner nu att resan blir av. Vi förväntar oss mycket, men jag tror inte vi kan bli besvikna.

Torsdagen den 24 maj 2007

Vi har aldrig sett Leons värden så bra. Det är en gåva att få. Leon lekte tafatt med Stella i korridoren på sjukhuset och han hade varken tid att säga hej eller hejdå till någon där på dagvården. Han har vuxit tre centimeter på sex veckor.

Nu drar vi.

Söndagen den 10 juni 2007

Leon och Stella återupptäcker vårt hem och alla sina saker. Agnes läser. Det är varmt. Det är mer sommar än vi haft på våra två veckor i Italien. Viktiga veckor. Långt från sjukhus, provtagningar, allt som varit. Häromkvällen, i det varma Medelhavsmörkret, satt Leon och Stella med sin kompis Benjamin vid utemöblerna utanför vår lägenhet. De lekte provtagning, en hink med stenar var stickelåda. Benjamin hängde inte riktigt med i leken, men Leon och Stella var helt inne i den. Sen bytte de snabbt och övergick till att leka bilsjuka och hjälpte varandra med kräkpåsar. Då var de helt med på noterna alla tre.

Förutom bilsjuka så har det varit otroligt friskt. Att se den här lille sjungande, dansande, tramsande, bråkiga, busiga och gosiga pojken. "Jag vill inte hem från sollandet", snyftade han i går. Väl hemma far han runt och gör allt samtidigt. Just nu dansar han naken i trädgården, äter melon, badar och springer fram till häcken och pratar med grannflickan hela tiden. Han har längtat efter henne.

Italien. Resorna på vindlande vägar upp i bergen, fattigt, vackert, lugnt. Den katolska vallfärdsorten San Bruno mitt i skogen, ett kloster, en källa och invid källan ett tivoli, italienska turister. En underbar Agriturismo att äta gott på. Alla friskluftstopp för Stella, alla kräkpåsar. Utsikterna från bergsbyarna. Vår paradisstrand som vi åkte till de dagar det var sol. Regnet och blåsten. Myggorna. Kvällarna med vin, prat och barnlek utanför lägenheten. Lekkvällar. Läkkvällar. Kvällspromenaden till baren för Agnes med en av oss där hon spelade kort och åt glass. Smala gränder i vackra städer. Saltvattnet, dofterna, Stromboli i solnedgång, Etna i diset i horisonten.

Resan har varit en vila i känslan av att allt är bra med oss. För det är det. I morgon blir det vardag och nya prover för Leon och det känns inte alls nervöst, trots att det var tre veckor sen sist. Tusen blåmärken har han, för att han sprungit så mycket och snubblat, för att han lekt sjörövarskepp med utemöblerna, för att han balanserat och klättrat och gett sig i väg på äventyr hela tiden. Precis som det kan vara när allt får vara bra.

Onsdagen den 27 juni 2007

Snart har det gått fyra månader. Provtagning i går och eftersom Leon klagat på ont i ryggen på morgnarna och sagt att "det exploderar under fötterna" så var det lite nervöst ändå. Men allt var bra.

Varje kväll samma ritual. Jag kryper ner bredvid Leon och viskar en hemlighet. Han lyssnar medan jag säger: "Jag älskar dig till rymdens slut och tillbaka." Sen viskar han "Jag älskar dig till sollandet och tillbaka." Sen är det kram och puss och det är viktigt med pussen. Stella vrider sig som en ål och puttar bort mig och jag frågar: "Vill du inte höra en hemlighet? Du har ju ingen aning om vad jag ska säga." Hon ser lurig ut och säger att viska då. Och jag viskar, samma som till Leon, och då ropar hon triumferande: "Jag visste det!" "Nämen, inte visste du det", säger jag, och sen lägger jag mitt öra mot hennes mun för att hon ska viska det hon alltid viskar: "Jag tycker om dig men jag vill inte vara med dig." Sen tittar hon förväntansfullt på mig och säger: "Du får ingen kram." "Jag förstår att du vill vara själv när du ska sova", säger jag, men sen börjar jag låtsasgråta och säger att jag inte kan sova om jag inte får en kram. Stella är nöjd, men nekar mig kramen ända tills jag suckar och säger: "Nähä, då får jag väl ingen kram då, men då ligger jag vaken hela natten." "Du får en kram", skriker Stella lyckligt och sträcker armarna mot mig, och så blir det en hård kram.

Ibland försöker Leon göra som Stella, spela det där spelet, men sanningen är att han inte kan det så bra. Det stannar vid en ansats, vid att säga "jag visste det" när jag viskar min hemlighet och sen blir han lite förvirrad och glömmer att pussas och ropar tillbaka mig alldeles ledsen: "Mamma du glömde pussen."

Det är väl en fråga om personlighet, men det är omöjligt att inte reflektera över det: Leon som vi varit så mycket med och så oroliga för, och som liksom vilat i vår kärlek när han var för sjuk för något annat. Stella som hela tiden utmanar oss, sätter oss på prov, testar. Någonting hände ju där för henne, när Leon blev sjuk. Och hon var så liten och hade inga ord för det. Och fastän vi hela tiden försökte räcka till för henne så kunde vi inte ändra på hur det var: Leon var sjuk och hon var frisk.

För Agnes var det på ett annat sätt, hon hade fler ord, hon hade fler år.

Så här kan det också vara: Stella får ett av alla utbrott över något som är fel. Hon blir arg och säger samma sak om igen och om hon inte slår Leon så bara vrålar hon tills det piper i våra öron. När vårt tålamod tar slut blir vi arga, lyfter i väg henne eller håller henne. Eller om vi är trötta kanske vi bara försöker få henne att sluta genom att helt opedagogiskt skrika åt henne. Ibland skriker hon medan hon sparkas "jag vill dö, jag vill dö" och vi stannar där bredvid henne och det gör ont att hon skriker så men det måste ut, det måste bli klart, hon slutar inte förrän hon skrikit färdigt. Leon tassar runt och efter och om vi är för stränga så slår han oss eller läxar upp oss. Då och då närmar han sig Stella och frågar bevekande om det gått över nu, om han ska trösta henne. Ofta får han lomma i väg igen, för att hon inte har skrikit klart än.

När Leon får ett av sina utbrott över saker som gått fel, när han bankar Stella med något redskap i huvudet och vi blir arga och säger till eller helt icke-konstruktivt skriker åt honom, då tittar Stella troskyldigt på oss och säger: "Det var inte jag!" Eller så säger hon: "Det gjorde jätteont!"

Men hon tar hans hand i sin när de springer in på dagis.

Leon och Stella kryper ihop på varsin sida om Agnes och hon läser en saga för dem. Alla tre tillsammans. Läkkvällar.

"Jag vill bli polis när jag blir stor." Leon tystnar och tänker efter en stund. "Jo, asså, asså, mamma, visst kan poliser gilla blommor?"

Lördagen den 28 juli 2007

Vi har varit en vecka på Österlen, i Barncancerföreningens hus Möllegården. Det är alltid bra att vara där och vi har haft det fint. Vi har gjort utflykter, vi har umgåtts med min brors familj som hyrt ett hus bara några kilometer bort. Vi har spelat tennis, åkt fyrhjuling, badat i poolen, hoppat studsmatta, sett filmer, spelat tevespel, lekt i lekrummet. I Ystad hittade vi den nya Harry Potter-boken och Agnes har levt i Harry Potter-världen och läst ut den redan efter två dagar. På engelska.

I dag sa Leon: "Det är något fel på min kropp." När vi frågade varför sa han: "När jag går så gör det ont i mina fötter." Han har sagt det en del på sistone. Men när vi säger att han inte får hitta på och frågar om det är sant så ser han lurig ut. Han ser rätt lurig ut just nu och är tramsig på ett härligt vilt sätt, så det känns ändå inte så oroligt. Just nu är Leon lika fysiskt aktiv som vilket barn som helst. Det är som om han har en sådan aptit på livet att rädslor inte får plats. Och han är nyfiken. Så många gånger när vi stannat för att titta på något den här sommaren, ett kloster, en stenformation, ett slott, några alpackor i en hage, sitter Agnes kvar i bilen och läser. Stella är rädd för att det är något farligt och väljer att stanna där med Agnes. Vi går i väg med Leon pratande och hoppande bredvid.

Onsdagen den 1 augusti 2007

Dagarna är röriga och intensiva men alla mår bra. Vi har hämtat en liten gul undulatunge till Agnes: Pop. Leons värden är bättre än någonsin.

Tisdagen den 14 augusti 2007

"Bä bä, vita lamm, gick på restaurang. Gissa vad hon gjorde, kissa under bordet."

Skratten rullar runt i köket, liksom Leons ögon, han kan inte äta, han är enormt rolig, och det tycker Stella också, så han fortsätter och fortsätter, sjunger om och om igen.

"Den som sa det han va det kissa på en spade."

Hans kinder är varma och röda, han kiknar av skratt. Restaurangsången får handla om både mig och Micke och sen kommer han på det ena roliga efter det andra:

"Minns du vad hon sa på sjukhuset i dag, när du sa att vi skulle få gå i stickelådan sen, Neta sa att vi inte fick gå i stickelådan. Gå!" De skrattar vilt.

Häromkvällen kom han på ett jätteroligt skämt: "Förut, när jag var sjuk, då var Stella så orolig för hon trodde jag skulle dö. Och det gjorde jag." Första gången sa han fel, och när han hörde vad han själv sagt blev det så roligt att han var tvungen att säga det hela kvällen sen. Han låg och skrattade i sängen när han skulle sova.

Vi är så lyckligt lottade som får se honom så här. Och vi är så tacksamma att de här åren inte har skadat honom mer än att han lyckligt utbrister, när vi svänger in på parkeringen på sjukhuset: "Åh, det är mitt sjukhus, jag älskar mitt sjukhus." Sen att han blir blyg och inte har någon större lust att konversera doktorer eller sköterskor, det är en annan sak. Han älskar det i alla fall. Just nu älskar han det mesta.

Efter nästa provtagning ska han bara ta blodprov var sjätte vecka. Det känns stort.

Vi går där i korridoren på sjukhuset och tänker att här levde vi och nu är vi inte här längre, nu är vi i dagissångernas värld, klättrandets, busandets. Inte i aningslöshet, men i ödmjukhet.

Måndagen den 3 september 2007

Att vi fick honom tillbaka. I full kraft. Jag kan inte riktigt tro det, under glädjen lurar rädslan, men den blir allt mindre kännbar.

Sjukhuset, tabletterna, ontet, allt blir till ett mytiskt förflutet för de små. När Stella får Alvedon mot växtvärken ropar Leon argt att han har jätteont och också måste få medicin, att han aldrig har fått medicin. Vi börjar skratta, men försöker låtsas som vi inte gör det, vi påpekar att "jo, det har du ju, minns du inte alla medicinerna?" "Bara på sjukhuset", säger han, "hemma har jag aldrig fått medicin." Men sen ändrar han sig, okej då, han har väl det, men aldrig de där vita i de fyrkantiga paketen som Stella får.

Allt blir ett mytiskt förflutet och fast vi ser på bilder ibland så är det som det gäller någon annan. Ibland kommer ett minne upp, leksaksburken på operation, glassen på uppvaket, clownens vinkande fot.

Leon är förkyld och hemma från dagis. Ingen feber, bara förkyld. Stella skjutsade vi till dagis en halvdag, mest för att de behöver träna på att vara isär. Men egentligen behöver vi träna på det motsatta: Stella behöver få egentid med en av oss, Leon behöver träna på att vara själv på dagis.

Han är vild på dagis också. Förra veckan frågade en av fröknarna liksom försynt hur det var hemma, hon ville bara kolla med oss, för på dagis vill han tänja alla gränser. Häromdagen lyfte han bordet så det råkade träffa ett annat barn i huvudet. Utan att mena det, bara för att han kunde göra det. "Jo, så är det hemma också", sa jag. "Bra", sa fröken, "jag ville bara veta." De är bra så. Inget är problem, de är också lyckliga över att se Leon så här. Men som sagt: tänjandet, testandet av krafter, det är också besvärligt. Många hårtussar från Stellas huvud. Vi pratar om att man måste spara på sina krafter. Då svarar Leon att han gör det. Sen säger han att han ska jobba på zoo när han blir stor, där han ska sköta om lejonen. För att han kan lyfta dem och kasta runt dem. Han ler strålande mot sin far och säger: "Pappa, jag kan slåss jättebra!"

Sen när det blir för mycket, då måste man säga till många gånger och ganska argt innan han verkligen tar in det. Då kan han bli hemskt förorättad. Och säga: "Vill du att jag ska bli sjuk igen, eller?"

Och nej. Vi vill inte att du ska bli sjuk. Vi vill inte att något barn ska vara sjukt. Det räcker.

EPILOG

Lund, april 2023
Jag har gett mig på elefantgräset. Vårsolen värmer och allt vaknar. Jag klipper ner fjorårets höga torra stänglar, kapar av de kraftigaste till blompinnar, klipper ner resten i trädgårdsavfallet. Det syns inga nya skott än, men när sommaren är slut kommer gräset att vara tre meter högt igen. Fönstret på andra våningen står på glänt och jag hör Leon lägga ett baskomp med elgitarren, sen loopar han det, lägger ett spår till ovanpå och loopar det. Stampar rytmiskt takten med foten. Sen börjar han improvisera. Tonerna letar sig ut och fyller vårluften, letar sig ut i området, ut i världen.

För alla somnar in till slut
Man slutar slåss och andas ut
Följ med ut i kväll och sov nån annan gång
Stefan Sundström